soul
blueprint
note
El Archeul

魂のブループリントノート

7週間で
自分本来のパワーを
目覚めさせる

エルアシュール

ヒカルランド

はじめに

　こんにちは。エルアシュールです。

　このたびは『魂のブループリントノート』をご購入頂きまして、誠にありがとうございます。

　このノートには二つの目的があります。

　一つは、このノートをつけることで、あなた自身の魂の本質や今、あなたが望んでいることを知ること。

　もう一つは、あなたの真のパワーを引き出して、望む人生をクリエイトすることです。

　魂は創造主の一部です。

　文字通り、人生を創造するパワーがあります。

　私たちは、肉体の中に閉じ込められた自分自身を「本当の自分」だと信じがちです。

　だから、自分を知ると聞くと、自分の長所や短所をピックアップして、「自分にはこれができる。できない」「向いている。向いていない」などとジャッジをしがちです。

　その結果、多くの人が良いところよりも、ダメなところにフォーカスして、自分自身を否定したり、「やっぱり、私ってこの程度な

3

んだ」と決めつけたりします。

このノートの目的は、客観的な自己分析や自己認識を通して、あなたはこういう性格だからこうしなさいとか、これをすべきといったフレームにはめることではありません。

そうではなく、「自分にはこんな力があったんだ」「やっぱり私はこういうことをしたいと思ってるんだ」「こういうことが好きなんだ」「ここを目指しているんだ」ということを知ることです。

それによって、あなた自身が制約的な思考の上で何かを選択していたり、本当にしたいことにふたをしていることに気づくかもしれません。

反対に、あなたがひそかに「こういうことをしたい」「こんな風に生きていきたい」と思っていたことと一致していて、あなたのハートや直感、そして、あなた自身をもっと信頼していいと感じることもあるでしょう。

私たちは、心の深い部分では、自分が何者で、今、何をするのがベストで、どこへ向かっているのか知っています。

しかし、季節には春夏秋冬があるように、私たちの人生にもさまざまなサイクルがあります。

何かが始まるときもあれば、終わるときもある。

順調に進むこともあれば、停滞したり、トンネルの中にいるように先が見えないときもあります。

それが宇宙の法則であり、だからこそ、私たちはいろいろなサ

イクルを経験しながら、成長し、何かを生み出したり、完成させたり、手放したりすることができるのです。

　でも、トンネルの中にいたり、停滞しているときは、本当の自分がわからなくなったりして、自分の可能性を狭めるような思考や行動をしてしまいがちです。

　また、順調なときに慢心したり、調子に乗ったりして、自分を見失うこともあるでしょう。

　そんなときに魂の本質に立ち返る。原点に戻って、自分の軸やあなた本来のパワーや、肉体のあなただけではない、多次元にいる存在たちとつながりながら、自分らしい人生を創っていく。

　あなたが、「今したいこと」「望んでいること」をするために、あなたらしいアプローチや、やり方を見つけていく。

　あなたのホロスコープの星のキーワードを知り、質問に答えながら、ノートに書いていくことで、魂レベルでのあなたを知り、宇宙とのつながりを深める。

　書き終わったときにはあなた自身、人生に関する見方がきっと変わっているはずです。

　それでは早速、本来のあなたのパワーに目覚める旅にでかけましょう。

contents

知　識　編
まずは Astrology の基本を知る

ワーク編
自分本来のパワーを目覚めさせる
7週間のワークノート

カバーデザイン／鈴木成一デザイン室

カバーイラスト・本文イラスト・
本文デザイン／設楽みな子（したらぼ）

ホロスコープ画像提供／Astrodienst ［www.astro.com］

生まれる前に設定してきた
ブループリントとは？

　魂（霊魂）は永遠の存在で、肉体としての死を迎え、あの世に行っても再びこの世界に何度も生まれ変わってきます。

　これは、東洋思想やインド哲学の「輪廻転生」という考え方です。

　その魂が今回、地球に生まれる前に宇宙で描いてきた《魂のプラン》、それが「魂のブループリント」です。

　そこには、あなたの魂の本質、本当のあなたはどのような個性を持っていて、今回の人生では、どのような体験をしようとしているのか。

　これまでにどんな経験をし、何を培ってきたのか。

　どんなカルマや恩寵、課題をこの人生に持ち越してきたのか。

そんなことが描かれています。

　魂のブループリントはエネルギーフィールドの深層意識に刻まれています。

　エネルギーフィールドとは、私たちの肉体のまわりにある光のことで、オーラとも呼ばれます。

　魂は、そこに示される可能性や目的を成就することで、さらなる高次へと進んでいきます。

　魂にとってブループリントを生き、魂の目的を果たすことがこの地球に存在する大いなる理由となります。

　魂のブループリントを生きると、魂の持つ輝きが外に放たれます。

　それによって、あなたの魂の目的を実現するためのステージが整い、それをサポートする人や環境を引き寄せます。

　あなたの人生が苦悩ばかりで、そこに希望や愛、喜びといったことがほとんどない、もしくは、本当の自分を生きていないように感じているとしたら、それは、魂のブループリントを生きていないせいかもしれません。

もっとあなた自身の魂のブループリントを知ることで、人生はさらに輝きに満ちたものになるでしょう。

　そして、私たちが生まれた瞬間の星の配置を示した「ホロスコープ」は、魂のブループリントであると言われています。

　ホロスコープには、その人が誕生した瞬間、宇宙から注がれていたエネルギーが映し出されます。それは、その肉体に宿る魂の持つ波動や魂の計画（ブループリント）と共鳴しているものです。

　だからこそ、人はその瞬間を選んで（選ばされて）生まれてくるのです。

「人生は苦行」

という考え方をする人がいますが、地球は肉体をはじめとする物質的なものを通して、魂の中にあるものを表現し、創造する場所です。

　それは、小さな子どもにとっての砂場のようなものです。

　子どもたちは土を使って頭の中で作り出したイメージを形にします。山を作ったり、掘って水を注いだり、泥団子を作ってみたり……。

　このように心の中で抱いた思いや描いたイメージを各種のエネルギーを使って外の世界に具現化する。

　それを通じて、さまざまなエネルギーが、何を生み出し、何を創造するのか、体験し、実験する遊び場なのです。

　特に地球は、愛のパワーによって創造（具現化）が起きます。

　だから、人生で起きることのほとんどが、「愛」を学ぶために起きています。

　創造は、最初に私たちの内面で起こります。

「こういうものを創りたい」

「こんなことができたら面白いんじゃないか」

　そういう思いやヴィジョンが霊的次元で形になったときに、外側にあらわれるのです。

その霊的なものを作りだすエネルギーは「意識」です。

私たちが生まれた瞬間の星の配置は、私たちの「意識」が向かう場所を示しています。

ホロスコープの中の星たちはさまざまな「意識」を示します。

つまり、あなたの顕在意識、潜在意識、無意識、超意識、美意識、集合意識等々をどこに向けているか、思考や愛や行動のエネルギーをどこに注いでいるか？

それらは、魂が描いた計画、魂が創造したいこと、する方法にも関係しています。

あなたのホロスコープの中の太陽や月をはじめとする天体たちのエネルギーをフル活用することは、あなたを通して、宇宙、源、創造主のパワーを地球に注ぐことでもあるのです。

自分の持つ星は
使命を果たすための切り札

今まで多くの方のホロスコープを読んできて、実感していることがあります。人生で何かを成し遂げた人というのは、大概その人のホロスコープの星たちを生かしているということです。

ここまでお伝えしてきたように、各個人が生まれつき持っているエネルギーは、その人を通して働く、宇宙、源、創造主のパワーなのです。

生まれたときの星の配置というのは、あなたの魂の目的や使命を果たすために必要な資質やエネルギーです。

星のエネルギーを活用することは、自ずとあなたに課せられた使命を果たすことになるのです。それが結果として、物事を成し遂げたり、報酬を与えられたりすることになるのです。

占星術や占いの本には、

「幸運の星のもとに生まれた」

「運がいい、悪い」

という表現がしばしば使われます。

　また、古来から伝わる占星術では、星同士が作る角度(＝アスペクト)のことを、吉角(きちかく)、凶角(きょうかく)と表現することがあります。

　主に吉角は星同士が120度や60度を作ることで、凶角は180度や90度のこととされていますが、吉角の多いホロスコープが幸運で、凶角が多いホロスコープが不運かというと、決してそうではありません。

　セッションをしていると、

「私の金星は土星と90度だからダメですよね。使えないですよね」

とおっしゃる方がいたりします。

　これは実例を見れば、そんなことはまったくないことがわかります。

　私自身も、ホロスコープを学んでいたときは、同じように、自分のホロスコープ凶角の星の配置を見て、

「だから、私は○○がダメなんだ」

と思い込んでいました。

　でも、今は、どんな角度であっても、どの星も宇宙から注がれるギフトであり、私たちが望む生き方をしたり、人生をクリエイトするためのアイテムであると言い切れます。

　あなたの星はそれぞれが最適な場所にいます。

　だから、あなたの望みを明確にして、その天体や星座のエネルギーを生かすことを意識してみる。

　そうすると、自分に合った方法を自然に見つけられたり、アイデアを思いついたりするのです。

このノートの使い方
〜 書くことであなたの可能性や資質が目覚めます！〜

　このノートはあなたの本質を知り、顕現^{けんげん}していない可能性や資質を目覚めさせるためのアイテムです。

　科学の発達により、引き寄せの法則や潜在意識の影響力などのスピリチュアルな法則が理論的にも解明されつつあります。

　その一つが量子力学の理論です。

　量子とはあらゆる物質の元であり、物質の最小単位のこと。

　この量子は二重性という特徴があり、「波」であり、「粒」でもあります。

　物質の最小単位である量子（素粒子）を観測すると、粒となり、観測しないときには、波の状態なのです。

　つまり観測という意識によって、物質化し、顕現し、意識しないと波の状態のままで、目には見えないということです。

　これを知ったとき、ホロスコープに示された才能や資質、可能性についても同じことが言えると感じました。

　それまでの私は、ホロスコープに示された天体のエネルギーをフルに生かして、いわゆる成功を収めていたり、満ち足りた生活を送る人がいる一方で、とても良いとされる星の配置を持っていても、それをまったく発揮されていない方がいるのはなぜだろうと、不思議でした。

　しかし、量子力学のこの理論を知ったとき、「意識」を向けていないから、現象化していないのだととても納得したのです。

　私は個人セッションやセミナーをしていますが、受講された方が、その後、どんどんご自身の可能性を開いていかれるのを目の当たりにする

ことがあります。

　また、何年か経ってから、

「セッション受けたとき、仕事がうまくいかなくてどん底だったんです
けど、あのとき、言われたような仕事につくことができました」

と、ご連絡をいただくこともあります。

　これは、ホロスコープの中に示された才能や資質、可能性をお伝えし
た結果、ご自身が、

「ああ、そうか、私にはそういう能力があるんだ」

「そういうことに向いているんだ」

「そういうことをすれば自分を生かせるんだ」

と気づき、そこに意識を向け始めたことも一因かもしれません。

　ぜひ、あなたのホロスコープを読み、そこにあるエネルギーを感じ、
意識を向けてみてください。

　そうすれば、その才能を開くことができ、そこに示されたことは現象
化するでしょう。

　たとえば、木星のある星座やハウスは、あなたが発展したり、拡大し
たりしやすい事柄です。

　7ハウスに木星がある人は他者が幸運や発展の機会をもたらしたり、
玉の輿に乗ったりします。

　人と協力することや、パートナーシップによって、人生が開かれてい
くのです。

　これが自分の星のエネルギーを知るということです。

　もちろん、これは、意識しなくても現象化している場合もあります。
しかし、意識を向け、気づくことによって、よりハッキリと人生にあら
われてくるのです。

　このノートはあなたのエネルギーを知り、それを意識して、可能性や
才能を開き、人生創造をしていくためのものです。

とはいえ、すべてホロスコープに合わせて生きなくてもいいのです。最も大事なのはあなたのハート、心の中から湧き上がる思いです。

惑星や星座には固有のエネルギーがあり、世の中の森羅万象と結びつけられています。

だから、一つの天体、星座にたくさんの意味や解釈があります。

たとえば、魚座は、芸術や芸能の才があるとされています。

これは、魚座が情緒的な水のエレメントであり、支配星が海王星であるからです。

魚座エネルギーの本質は、感受性が豊かであること、目に見えないものをキャッチする能力が高く、それを扱うことに長けていることです。

それをアートや音楽で表現することもあれば、痛みや心の中の感情、思いを察知し、それを受け止めたり、癒したり、共感したりする能力として発揮される場合もあります。

だから、魚座に星があるからといって、みんながみんな絵を描いたり、楽器を演奏するわけでもなく、ヒーラーやセラピスト、医療従事者になるとは限りません。

ただ、そのようなエネルギーを持っているので、あなたの内側から感じている思いやしたいこととつなぎ合わせ、それを生かしていけば良いのです。

そうやって、エネルギーに意識を向けることで、量子レベルの波が粒へと変化するように、具現化が起きます。

また、自分の星を知ることは、宇宙とのつながりを強化することでもあります。私たちは、自分ですべてを決め、コントロールし、生きているように思えても、壮大な宇宙の中のさまざまなエネルギーに影響を受けています。

「意識」によって現実を創造することは可能ですが、個人の意識だけ

ではなく、集合意識や源やグレートスピリット、創造主の領域である超意識もそれには強く影響します。

　星を知ることは、そのあなた自身を超えた大きな意識、宇宙の流れとあなた自身を同調させることでもあります。

　それはエゴという制約的な自意識が作った狭い世界からあなたを解放することでもあるのです。

知識編

まずは
Astrologyの
基本を知る

ホロスコープの基礎知識

ホロスコープとは

　人が生まれた瞬間の太陽系の姿を地球を中心にとらえて、平面化したものです。

ホロスコープには

　主要天体（惑星）が12星座のうちのどの星座にいるか、12ハウスのどのハウスにいるか、天体同士がどのような角度（アスペクト）を形成しているかが一枚の図に表されています。

ホロスコープを構成するもの

天体・感受点　P.26　10天体を参照　P.36　感受点を参照

　天体は、太陽、月と太陽系の惑星と準惑星のことです。天体は意識をあらわし、「ホロスコープ」の中の天体は各意識がどのような状態でどこに向かっているかを示します。

　感受点は天文学的な計算で導かれたポイントのことです。天体ではありませんが、ホロスコープを読み解くうえでは重要な作用をするものです。

星座（サイン）

P.36　黄道十二宮（12星座、12サイン）についてを参照
P.41　12星座（12サイン）についてを参照

「星座」は12星座のことで「サイン」と呼ばれます。これは、占星術上で用いられる星座は、実際の夜空の星座とは異なるからです。

占星術で用いる12星座（12サイン）は、太陽の通り道である黄道（360度）を理論上、30度ずつ均等に12分割したものです。

ハウス　P.49〜　12ハウスを参照

天体が活動する場所や分野を指します。12の「ハウス」に分かれています。

支配星と12星座（12サイン）の関係

占星術では、12星座（12サイン）はそれぞれを支配する天体と結びつけられています。その天体のことを、「支配星」（あるいは「ルーラー」「守護星」）と呼びます。

星　座		支配星		星　座		支配星	
牡羊座	♈	火　星	♂	天秤座	♎	金　星	♀
牡牛座	♉	金　星	♀	蠍　座	♏	冥王星	♇
双子座	♊	水　星	☿	射手座	♐	木　星	♃
蟹　座	♋	月	☽	山羊座	♑	土　星	♄
獅子座	♌	太　陽	☉	水瓶座	♒	天王星	♅
乙女座	♍	水　星	☿	魚　座	♓	海王星	♆

ホロスコープの読み方

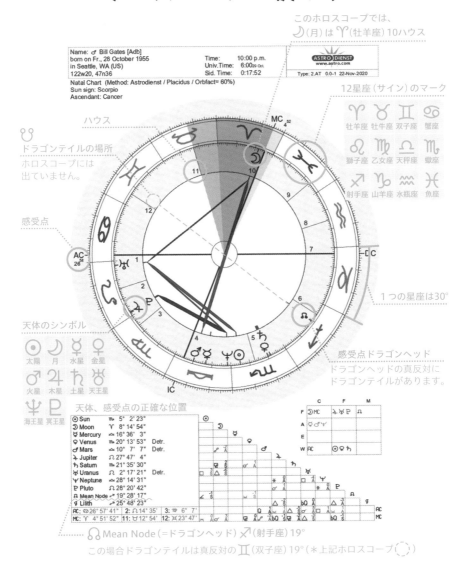

このホロスコープでは、
☽（月）は ♈（牡羊座）10ハウス

Name: ♂ Bill Gates [Adb]
born on Fr., 28 October 1955
in Seattle, WA (US)
122w20, 47n36

Time: 10:00 p.m.
Univ.Time: 6:00₂₉ Oct.
Sid. Time: 0:17:52

ASTRO DIENST
www.astro.com
Type: 2.AT 0.0-1 22-Nov-2020

Natal Chart (Method: Astrodienst / Placidus / Orbfact= 60%)
Sun sign: Scorpio
Ascendant: Cancer

12星座（サイン）のマーク

♈	♉	♊	♋
牡羊座	牡牛座	双子座	蟹座
♌	♍	♎	♏
獅子座	乙女座	天秤座	蠍座
♐	♑	♒	♓
射手座	山羊座	水瓶座	魚座

ハウス

☋
ドラゴンテイルの場所
ホロスコープには
出ていません。

感受点

1つの星座は30°

感受点ドラゴンヘッド
ドラゴンヘッドの真反対に
ドラゴンテイルがあります。

天体のシンボル

☉	☽	☿	♀
太陽	月	水星	金星
♂	♃	♄	♅
火星	木星	土星	天王星
♆	♇		
海王星	冥王星		

天体、感受点の正確な位置

☉ Sun	♏ 5° 2' 23"
☽ Moon	♈ 8° 14' 54"
☿ Mercury	♎ 16° 36' 3"
♀ Venus	♏ 20° 13' 53" Detr.
♂ Mars	♎ 10° 7' 7"
♃ Jupiter	♌ 27° 47' 4"
♄ Satum	♏ 21° 35' 30"
♅ Uranus	♌ 2° 17' 21" Detr.
♆ Neptune	♏ 28° 14' 31"
♇ Pluto	♌ 28° 20' 42"
☊ Mean Node	♐ 19° 28' 17"
⚸ Lilith	♐ 25° 48' 23"

AC: ♋ 26° 57' 41"   2: ♌ 14° 35'   3: ♍ 6° 7'
MC: ♈ 4° 51' 52"   11: ♉ 12° 54'   12: ♊ 23° 47'

☊ Mean Node（＝ドラゴンヘッド）♐（射手座）19°
この場合ドラゴンテイルは真反対の ♊（双子座）19°（＊上記ホロスコープ ⭕）

22

　22ページのホロスコープの外側の円に描かれている記号は12星座の
マークです。

　その中の記号は天体のシンボルです。

　さらに内側の1〜12までの数字はハウスです。

これによって、天体が何座、何ハウスにあるのかがわかります。

　ホロスコープは主に太陽と月と太陽系の惑星7つと準惑星1つを使用
します。

これを10天体と呼びます。　P.26〜　10天体を参照

　10天体は、それぞれ意味があります。

　たとえば、水星は情報やコミュニケーション、言葉や知性。金星は美
意識や愛情傾向。太陽は人生の目的や意思。月は気質や関心、どんなこ
とが心を揺さぶるか。火星は行動の仕方や戦ってでも手に入れたい強い
欲求を感じるモノ。木星は拡大や発展しやすいことやその方法。土星は
成長するための課題や義務などです。

　10天体が何座、何ハウスにあるかは、人によってバラバラです。
まずは、あなたのホロスコープの10天体がそれぞれどの星座（サイン）
にあるかを確認しましょう。

　このホロスコープの場合、♃（木星）は♌（獅子座）2ハウスです。

　天体に特性があるように星座にも性質や特徴があります。

　これは、よく12星座で牡羊座は活動的、双子座は好奇心旺盛といっ
たようなものです。

　天体は、ある星座に入るとその特性があらわれます。

　たとえば、火星は行動の仕方を意味します。その火星が牡羊座にあれ
ば、牡羊座も活動的な星座ですから、その人は、

「非常に積極的で思い立ったらすぐに行動する」
といった特性が出てきます。
　蟹座にあれば、蟹座は世話好きで直感的な星座であるため、その人の
行動の仕方に「面倒見が良い」とか、「理性よりも直感で動く」といった
特徴がでてきます。

　この10天体と12星座（12サイン）の組み合わせによって、その人の個
性や特性をひもとくことができるのです。

　ホロスコープの中にある1〜12までの数字、これがハウスです。ハ
ウスは「室」とも呼ばれ、天体がいる部屋を示します。
ハウスにはそれぞれ、自分の部屋、お金の部屋、家族の部屋、人間関係
の部屋などの意味があります。
　ハウスは、天体が主に活動する場所や分野をさします。
　たとえば、火星が牡羊座にある人は、とても積極的でスピーディに行
動する特性が出るという話をしました。
　この火星がお金の部屋である2ハウスにある場合、この積極性は、「お
金」に関することでよく使われます。
　2ハウスは所有や収入に関わる場所ですので、欲しいと思ったら、す
ぐに買い、お金を稼ぐために意欲的に行動する人となります。

　このように天体のエネルギーは、位置するサイン（星座）の特性をお
びて、ハウスに関わる分野で発揮されるのです。
　正確なハウスを出すには、生年月日だけではなく、出生場所と出生時
間の情報も必要になります。
　もちろん、天体と星座の組み合わせだけでも、特性や個性などを読み
解くことができますが、ハウスがわかると、その天体が主にどの分野で
使われるかを知ることができるのです。

ホロスコープの作り方

　ホロスコープを作るには専門のソフトを使うか、インターネットのサイトを利用する方法があります。

　インターネットで「ホロスコープ　無料」と検索すると、サイトがいくつも出てきますので、その中から使いやすそうなものを選びましょう。

＊本書では、「Astrodienst」(www.astro.com)というサイトを使ってホロスコープを作成しています。

　まず、ホロスコープを作成するためには下記の3つが必要です。

　　★生年月日
　　★出生時間
　　★出生地の緯度経度
　　(サイトによっては出生地を選択するだけでできるものもあります)

　出生時間がわからない方は、『ソーラーサイン』というハウスシステムを使ってホロスコープを作ることをお勧めします。これは、太陽がある星座の0度が1ハウスとなり、30度ずつ、12ハウスに分割するものです。

　その際は、「PM12：00」で、ホロスコープを作ります。

　月は1つの星座を約2.5日かけて移動するため、同じ日に生まれても、出生時間によって異なる場合があり、12時で算出すると、実際とは1星座ずれる可能性もあります。その場合は、次の星座もしくは、前の星座も参照してみてください。

10天体

太陽 ⊙
（獅子座の支配星、恒星）（本質・目的意識）数字 1

【基本的な意味】

能動性、男性、生命力、活力、積極性、陽性の象徴、自我、アイデンティ
ティ、個性、意思、父性、権威や支配、自身の肉体、体力や健康、精神
を司る、創造性、自己表現、自尊心、顕在意識、社会的成功など

太陽はその人の人生の目的もあらわします。

**能動的な性質を持つ星のため、意識して使わないと個性や性質があまり
表面に出てこないこともあります。**

【人物】

夫、父、王、政治家、権力者、有名人、役人、首相、大統領

【場所】

公共の建物、大劇場

【キーワード】

ホロスコープの主人公

【ホロスコープの中で⊙が示すもの】

自分の存在価値、能力を発揮するための方法や創造性、個性を大いに発
揮できる分野

【公転周期】

365.3日（約30日でひとつの星座を通過）

【年齢域】

25歳～35歳

月 ☽

（蟹座の支配星、地球の衛星）（気質・感受性）数字2

【基本的な意味】

受動性、女性、陰性の象徴、感情、フィーリング、気質、情緒、内面、家庭環境、日常的な興味の方向性、母性、妻、潜在意識、無自覚で本能的な快・不快の感覚に関わる、感受性、反応力、習慣、ライフスタイル、人気など

女性のホロスコープでは妻や母となったときの姿、男性のホロスコープでは妻や母像もあらわします。

【人物】

母、妻、女性、大衆、主婦、家事労働者

【場所】

レストラン、水に関する場所

【キーワード】

変化・変動の多い場所＝気になる事柄、関心

【ホロスコープの中で☽が示すもの】

心の深い部分で感情が求めているもの、幼少期に形成された感情パターン、習慣、母、妻、不安定な領域、気になること

【公転周期】

27.3日（約2.5日でひとつの星座を通過）

【年齢域】

0歳〜7歳

水星 ☿

（双子座・乙女座の支配星、惑星）（知識、思考、伝達）
数字5

【基本的な意味】

知性、知識、思考、情報、伝令・伝達、コミュニケーションと知的方向性、学習能力、通信、執筆、文章、交通機関、移動、商業、旅行、精神的活動力、分析、雄弁、機転や順応力、ネットワーク、教育など

【人物】

兄弟姉妹、親戚、教師、セールスマン、著述家、アナウンサー、秘書、ジャーナリスト、運送業者

【場所】

学校、書店

【キーワード】

水星は太陽の意思、自我を外部へ伝える役割を果たす惑星

【ホロスコープの中で☿が示すもの】

知性、知識の傾向やその使い方、社会で活動する上での能力、才能、仕事、コミュニケーションの傾向

【公転周期】

88日（約19日でひとつの星座を通過）

【年齢域】

7歳〜15歳

金星 ♀
（牡牛座・天秤座の支配星、惑星）（美、愛情、女性性、金銭）
数字 6

【基本的な意味】

愛情、美、快楽とそれらを手に入れるための金銭、女性原理、女性的な魅力、恋愛、結婚、人間関係、芸術的センス（美術、音楽）、調和、社交、所有欲など

【人物】

若い女性、恋人、美しい人、美容師

【場所】

美容院　エステサロン、社交場

【キーワード】

人と人との関係性を司る（主に愛情面で発揮）、愛情傾向

【ホロスコープの中で♀が示すもの】

愛の表現、好み、喜びを感じるもの、パートナーシップ、対人関係、人や社会と調和する方法、魅力

男性のホロスコープでは理想の女性像、女性のホロスコープでは恋愛したときの愛情表現。

【公転周期】

224.7日（約25日でひとつの星座を通過）

【年齢域】

15歳〜25歳

火星 ♂

（牡羊座の支配星、蠍座の副支配星、惑星）（本能的なエネルギー・行動）数字9

【基本的な意味】

身体的エネルギー、活動の方向性、実行力、情熱、熱意、活力、男性的な精力、意志、行動力や勇気、積極性、父性、争い、事故、トラブル、人為的な災害、戦争、モチベーション、闘争、攻撃力、暴力、性衝動、セックス、刃物、火、外科手術など

【人物】

若い男性、アスリート、起業家、外科医、警察官、料理人、兵士

【場所】

活気ある場所、事件や事故の場所、戦場

【キーワード】

本能的な欲求、活動するためのモチベーション、勝ち取りたいもの

【ホロスコープの中で♂が示すもの】

行動パターン、成功につながる自己主張や行動の仕方、行動を起こさせる動機や欲求の分野、性的傾向、男性のホロスコープでは恋愛したときの行動パターン、女性のホロスコープでは理想の男性のタイプ

【公転周期】

約687日（約43日でひとつの星座を通過）

【年齢域】

35歳〜45歳

木星 ♃
（射手座の支配星、魚座の副支配星）（拡大、保護、発展）
数字3

【基本的な意味】

発展、拡大、援助、膨張、保護、幸運、寛容で楽天的、繁栄や成功をもたらす、（悪く作用すると）浪費や虚栄、行き過ぎ、不用心、抽象的な知性、哲学、宗教、寛大、陽気、成長、豊かさ、繁栄、財産、富、学問、高等教育、哲学、思弁、肝臓、大学、外国、言語、書籍出版、自由奔放など

【人物】

教師、哲学者、法律家、資本家、外国人、有識者

【場所】

図書館、広い場所

【キーワード】

物事を拡大、発展させる力

【ホロスコープの中で♃が示すもの】

幸運に恵まれる分野、自己信頼や自尊心を築くための方法や形態、発展性のある領域

【公転周期】

11.9年（約1年でひとつの星座を通過）

【年齢域】

45歳～55歳

土星 ♄

（山羊座の支配星、水瓶座の副支配星）（制限、厳格）数字8

【基本的な意味】

制限、抑制、削減、勤勉、不運、限定、冷静、限界、堅実性、責任・忍耐、試練や制約、孤独、秩序、厳格、延滞、古い出来事や年長者、保守性、皮膚、歯、骨、胆嚢、脾臓、老齢、粘り強さ、寒冷、禁止、偏狭など

【人物】

父親、老人、政治家、実業家、僧侶、農民

【場所】

古い建物、農地、山、墓場、廃屋

【キーワード】

制限、収縮

【ホロスコープの中で♄が示すもの】

課題、最も強い欲求を感じる分野と脅威を感じる分野、社会的な責任、忍耐強く取り組むと能力を発揮し賞賛される、達成感を味わえる社会的な役割

【公転周期】

29.5年（約2.4年でひとつの星座を通過）

【年齢域】

55歳〜70歳

天王星 ♅
（水瓶座の支配星）（変化、改革、自由）数字4

【基本的な意味】

変化、改革、革命、独立、独創性、先見性、飛躍や進歩、超越、科学、自由、機械、航空、天文、発明、発見、突然の出来事や分裂、分離、天才、奇才、エキセントリック、個人主義、科学、コンピュータ、反社会性、光線や電波、占星術、心霊、超科学、人道主義など

【人物】

発明家、革命家、変わり者

【場所】

放送局、テレビ局、空港、飛行場、天文台、プラネタリウム

【キーワード】

突発的な変化、改革、エキセントリック

【ホロスコープの中で♅が示すもの】

自由を獲得するために自立を促す、革新や改革、予測不能な出来事が起こりやすい領域

【公転周期】

84年（約7年でひとつの星座を通過）

【年齢域】

70歳〜84歳

海王星 ♆

（魚座の支配星）（神秘、無意識、幻想、抽象性）数字7

【基本的な意味】

曖昧ではっきりしないモノ、目に見えないモノ、夢、理想、幻想、無意識、直感、霊感、神秘性や抽象性、芸術、音楽、絵、ヴィジョン、想像力、心霊、癒し、ヒーリング、セラピー、自己犠牲、水や液体、アルコール、麻薬、ガス、中毒、薬物、病院、サナトリウム、引退、隠居、欺瞞、嘘、不注意、混沌、舞踏、献身、情感、奉仕など

【人物】

アーティスト、詩人、ダンサー、詐欺師、ヒーラー、セラピスト

【場所】

病院、刑務所、宗教施設

【キーワード】

曖昧ではっきりしないもの

【ホロスコープの中で♆が示すもの】

期待や理想が高まる、失望や落胆、混乱を招く、理想を持って取り組むと目に見えない力や無意識がサポート

【公転周期】

164.8年（約14年でひとつの星座を通過）

【年齢域】

84歳以後。

冥王星 ♇

（蠍座の支配星）（死と再生、超意識）数字０

【基本的な意味】

生と死、絶滅、除去、排除、一新、再建、再生、変容、秘密、死後、始めと終わり、宿命、カルマ、先祖、DNA、トラウマ、欲望、執着心、極限状態、徹底的、支配的、強制的、強迫観念、破壊力、こだわり、マニアック、異常性、隠れた力、洞察力、疑い、秘密、暴露、無、性的興味、恐怖、闇、地下組織、核兵器

【人物】

先祖、死者、黒幕、犯罪者、テロリスト

【場所】

地下、暗い場所、秘密の場所、隠れ家

【キーワード】

これまでの状態をいったん終わらせて新しい物事を始める力

【ホロスコープの中で♇が示すもの】

乗り越えることで人生を変容させる力を持つテーマや課題、カルマ

【公転周期】

247.8年（約14〜26年でひとつの星座を通過）

【年齢域】

死後

感受点
（実際の天体ではないが、ホロスコープを解読する上で重要なポイント）

【ＡＳＣまたはＡＣ（アセンダント）】　Ascendant　上昇宮

黄道と東の地平線との交点であり、第1ハウスのはじまりの場所であり、第12ハウスとの境界線。ここに位置する星座は、上昇宮、上昇星座とも呼ばれ、その人の行動や個性に影響を与えます。

【ＭＣ】　MediumCoeli　天頂

第10ハウスのはじまりの場所であり、第9ハウスとの境界線。社会的役割や肩書を示します。

黄道十二宮（12星座、12サイン）について

　各天体の性質や影響は「黄道十二宮」を通してあらわれます。

　黄道十二宮とは、天球上の黄道を中心とした、太陽と月、惑星が運行する帯状の領域であるゾーディアック（黄道体）を黄経で12等分したそれぞれの領域のこと。星占いで、牡羊座、牡牛座などと称される12星座を指します。

　実際の星座は、大小さまざまですが、占星術ではそれぞれの星座を均一に12等分し、ホロスコープで各星座の領域を30度とみなします。実際の星座と区別する意味で、12星座のことを12サインと呼びます。

　12サインにはそれぞれ異なる性質があり、天体がどのサインに位置するかによって、その惑星のエネルギー表現が違いを帯びてきます。

太陽や月などの天体が位置するしないに関わらず、人はすべての星座の領域をホロスコープ内に保持しています。

12星座の分類法

占星術では、さまざまな方法で12星座（12サイン）を分類します。それは主に3種類あります。

2区分：男性・女性の2区分に分けられます。これは天体の気質と意識の方向性を示します。

3区分：活動・不動・柔軟の3種類に分けられます。これは主に天体の行動パターンを示します。

四大元素：12星座を火地風水の4つの元素（エレメント）に割り当てる分類法。主に各天体の本質的な性質と価値意識を示します。

◇2区分（男性、女性、＋、－）：意識の方向性

男性（＋）：陽性。男性的、能動的な性質。積極的で自ら働きかける。意思や考えを外に出す傾向。

女性（－）：陰性。女性的、受動的な性質。消極的かつ内向的で自分の意思や考えを内に秘める傾向

◇3区分(クオリティ):行動パターン

＊12星座の順番の早い星座ほど個人的な事柄でそのパターンが出やすい

活動(カーディナル)

活動的、積極的、自発的、プラス思考、思いついたことを行動にうつしてみる性質、持続力があまりない、同じことの繰り返しが苦手、自分の考えを優先し率先して動く傾向、何か問題に直面したとき行動して解決をはかろうとする

- 牡羊座(自我を満たしたり、自分の存在を確立するために活動)
- 蟹座(自分と身内、愛する人のために活動)
- 天秤座(人間関係を調整したり、バランスをとるために活動)
- 山羊座(社会全体、組織の中で成果を出したり、目標を達成するために活動)

不動(フィクスド)

頑固で保守的、物事に対するこだわりや執着心が強い、安定感、持久力、持続力、忍耐力、抵抗力がある、現状維持や今持っているものを保持したい気持ちが強い、困ったことがあった場合じっと我慢して急場を乗り切ろうとする

- 牡牛座(所有物や価値を感じるものへのこだわりと執着)
- 獅子座(自分のプライドや名声へのこだわりと執着)
- 蠍座(感情を共有できる人や物事へのこだわりと執着)
- 水瓶座(自由、独創性と型にはまらないことへのこだわりと執着)

柔軟(ミュータブル)

適応能力が高い、柔軟性・変異性に富む、融通がきくが持続性に欠ける、他人の考えを優先する、優柔不断、神経質、困ったことが起こったとき

周囲の状況や相手に合わせて行動や方針を転換することで乗り切ろうとする

・双子座（興味の対象、行動範囲が変わりやすい）

・乙女座（自分自身への信頼や評価が変わりやすい）

・射手座（学び、探求するテーマが変化し、拡大しやすい）

・魚座（まわりと同化しやすく、信念や感情が変わりやすい）

◇四大元素（エレメンツ）：本質的な性質と価値意識

火（牡羊座、獅子座、射手座）

【性質】

自発的、衝動的、熱狂的、直感的、情熱的、決断が早く、パワフルでエネルギッシュ、積極的で人に従うことを嫌う、熱しやすく冷めやすい

【大切にするもの】

情熱、誇り、勇気、喜び、感動、達成感、高揚感、やりがい、創造性、正義、自分の考えや意見

地（牡牛座、乙女座、山羊座）

【性質】

実際的で感覚的、物事を現実的な視点から判断する、堅実で用心深い、実際に見たり触れたりできる形あるものに愛着を持つ、資源の管理と使用、堅実的な機能、積み重ね、努力、結果への関心

【大切にするもの】

信頼、安定感、成果、実用性、実際性、具体性、経済性、物質、お金

風（双子座、天秤座、水瓶座）

【性質】

知的、客観的、理性的、理論的、人道的、知性を重んじる、物事の分析や情報、コミュニケーションを好む、クールで美意識と知的志向が強い、理屈っぽい

【大切にするもの】

知性、論理性、情報、コミュニケーション、会話、言葉、客観性

水（蟹座、蠍座、魚座）

【性質】

感情的、直感的、ウエット、情緒豊か、論理よりもフィーリングを優先する、狭く深い交際をする、情に流されやすい、直感力に優れる、感情を重視し、気分の浮き沈みによって極端な行動をしやすい

【大切にするもの】

感情、気持ち、フィーリング、一体感、雰囲気、ムード、共感、親密さ、好き嫌い

12星座（12サイン）

牡羊座 ♈

（活動宮／火／男性星座／ 支配星 火星／ 色 赤、カーキ）

【キーフレーズ】

「わたしは始める」「わたしは挑戦する」「わたしは戦う」

12星座のトップである牡羊座は物事を始めたり、生み出すフェーズです。自分を確立するために本能や衝動にしたがって行動します。活動的で決断力に優れ、周囲を引っ張るリーダータイプ。独断独行。人やまわりと足並みをそろえるのは苦手。人から頭を押さえつけられることを嫌がる。

【牡羊座をあらわすキーワード】

活動的、開拓精神、冒険心、パイオニア、リーダーシップ、先駆け、競争心、好戦的、負けず嫌い、1番になることを好む、瞬発力、スポーツ、積極的、意欲的、勇敢、決断力、多少のリスクは怖れず行動する、チャレンジ精神、スピーディ、衝動的、短気、せっかち、物事を白黒つけたがる傾向、火、刃物、トラブル、頭、顔、起業、建築家、美容師、理容師、調理人、消防士、独立、自営業

牡牛座 ♉

（不動宮／地／女性星座／ 支配星 金星／ 色 緑）

【キーフレーズ】

「わたしは所有する」「わたしは実感する」「わたしはキープする」

牡羊座で自分を確立したり、生み出したものを保持するのが牡牛座です。五感を使って、自分自身や身の回りにあるモノを確認し、味わいます。自分のペースや価値観を重視し、いったん決意したことを軌道修正

するのは不得手。

【牡牛座をあらわすキーワード】

慎重、保守的、耐久力、持続力、信念、こだわりが強い、頑固、マイペース、優れた五感、優れた音感や色彩感覚、芸術的センス、目利き、農業、香り、聞く、安全、安定、所有欲、金融、大地、自然、グルメ、職人、モノづくり、こだわり、声、舌、耳、のど、画家、声優、声楽家、音楽家、歌手、料理人、園芸関係、デザイナー、調香師、専門家

双子座 Ⅱ

（柔軟宮／風／男性星座／支配星 水星／色 黄色、レインボー）

【キーフレーズ】

「わたしは伝える」「わたしは情報収集する」「わたしは動き回る」

牡牛座で自分を確立し、保つことができたあとは、言葉を覚え、他の人とコミュニケーションをとるのが双子座のフェーズです。そのため、情報収集能力に優れ、それを発信することも得意です。フットワークが軽く、あちこち動き回ります。

【双子座をあらわすキーワード】

好奇心旺盛、多才、器用、ウィットに富む、臨機応変、話術が巧み、教える、話す、伝達、通信、文筆、司会、商業、セールス、知識、移動、自転車、バイクなどの乗り物（空を飛ばないもの）、流行、2つ以上の収入源、執筆、SNS、マスコミ、モバイル、商業、旅行関係、教育関係、初等教育

蟹座 ♋

（活動宮／水／女性星座／ 支配星 月／ 色 白、銀）

【キーフレーズ】

「わたしは感じる」「わたしは育てる」「わたしは保護する」

双子座で身近な人と交流したら、その中で、より心が通じ合う人と親密
になるフェーズが蟹座です。家族を持ち、子どもを産み育てたり、身近
な人の世話をしたりします。気さくで庶民的。面倒見が良く、世話好き
な一面も。情が深く、思いやりがあり、家族や仲間を守ろうとする気持
ちが強いです。帰属意識が強く、排他的で防衛本能が強い傾向にあり
ます。

【蟹座をあらわすキーワード】

感情的、直感力、敏感、母性的、家庭的、アットホーム、気さく、庶民
的、保護的、世話好き、面倒見が良い、家族や家、不動産、サービス業、
家事関係、料理、手芸、育児、保育、心、収集癖、記憶、ホテル、民宿、
日用品、飲食関係、人を育てたり面倒を見る仕事、家族経営、物を溜め
込む

獅子座 ♌

（不動宮／火／男性星座／ 支配星 太陽／ 色 緋色、ゴールド）

【キーフレーズ】

「わたしは表現する」「わたしは志す」「わたしは楽しむ」

蟹座で築いた家族や身近な人との関係の中で自分の個性を発揮し、それ
を表現していくフェーズが獅子座です。自分自身に誇りを持ち、演出力
やドラマチックな表現力を用いて、自分の愛や喜びを表現します。

正義感が強く公明正大。裏表がない性格で考えが行動や言葉に出やすい
です。存在感があり、自己PRや演出力、企画力に長けています。包容
力があり、部下や自分を頼る人には親切で寛大でもあります。

明朗快活、寛大、独創的、企画力、演出力、アピール能力、楽しさ、遊び、自己表現、創造性、尊大、王者、ボスキャラ、プライド、権力、有名、目立つ、子どもっぽさ、主役、個性、魅力、華やかさ、プロモーション、レジャー、スポーツ、パフォーマンス、イベント、投機、ギャンブル、俳優、スポーツ選手、リーダー職、政治家、宝石商、娯楽関係、クリエイター、デザイナー、ショービジネス、舞台関係

乙女座 ♍

（柔軟宮／地／女性星座／ 支配星 水星／ 色 ベージュ ）

【キーフレーズ】

「わたしは分析する」「わたしは観察する」「わたしは整える」

獅子座で個性を確立したら、実務能力を身につけ、人に役立とうとしたり、人や物を客観的に評価するフェーズが乙女座です。

自分自身や物事を観察し、分析し、問題点を見つけ出し、それらを評価し、改善しようとします。識別能力に優れ、鋭い観察眼の持ち主です。謙虚で控えめ、ナイーブで神経質。勤勉で献身的でもあり、細かいところにも気を配ります。

【乙女座をあらわすキーワード】

分析力、実用的、献身的、奉仕的、批判的、観察力、清潔好き、秩序や正確さを愛する、完璧主義、健康、衛生、掃除、整理整頓、クリアリング、栄養、肉体の癒し、ダイエット、会計、細かい作業の積み重ね、批評、日記、記録、サポート、秘書、不満、不安、自己批判、規律や技術、トレーニング、雇用、習慣、スキル、評論家、看護師、セラピスト、栄養士、秘書、会計士、コンサルタント

天秤座 ♎

（活動宮／風／男性星座／ 支配星 金星／ 色 ローズピンク、水色）

【キーフレーズ】

「わたしは量る」「わたしはバランシングする」「わたしは協力する」

牡羊座から乙女座までで「個人」を確立したら、他者と関わるフェーズが天秤座です。そのため、天秤座の人は、他者を知り、交流し、協力しようとします。また、自分とバランスの取れる相手を見つけ、対等な関係を築こうとします。

公平でバランス感覚に優れ、調和的。礼儀正しく、平和主義者で人当たりが良いです。客観性に優れていますが、優柔不断で決断力が弱い傾向にあり、白黒つけるのは苦手です。

【天秤座をあらわすキーワード】

理性的、客観的、魅力的、外交的、協調的、調和とバランス、平和、上品、優雅さ、エレガント、量る（重さ、相手の気持ちなど）、美容、エステ、マナー、協力、結婚や共同事業、仲介、調整、1対1の関係、交渉、腰、調停、コラボ、怠惰、冷静、芸術関係、ファッション関係、美容師、外交官、カウンセラー、コーディネーター

蠍座 ♏

（不動宮／水／女性星座／ 支配星 冥王星 副支配星 火星／ 色 黒）

【キーフレーズ】

「わたしは探求する」「わたしは欲する」「わたしは深く感じ、対象と一体化する」

天秤座では他者と協力しましたが、蠍座では、より深く特定の人と関わります。相手と一体化して共通の目的に向けて取り組むとき、生産的で強いエネルギーが放たれます。他者の力を使ってパワーアップするのが

蠍座です。

深い情念と不屈の精神力の持ち主で、控えめで物静かに見えて、内に秘めたエネルギーやパワーは強いものがあります。洞察力が鋭く、物事の本質を鋭く見抜き、関心を持ったことをトコトン探求します。

【蠍座をあらわすキーワード】

秘密　隠し事、探求、研究、極端さ、変容、死、再生、トラウマ、コントロール、疑い深さ、執着心、嫉妬、執念、パラサイト、オカルト、神秘、性風俗、欲望、徹底的、他者のお金を管理、集団、組織をマネージメントする、裏金、ソウルメイト、深い絆、心理学者、カウンセラー、研究者、探偵、金融関係、神秘学者、占い師

射手座 ♐

（柔軟宮／火／男性星座／支配星 木星／色 群青色、紫）

【キーフレーズ】

「わたしは旅する」「わたしは冒険する」「わたしは啓蒙する」

射手座は、知性や視野、行動範囲を拡大するフェーズです。蠍座で探求したり、調べたことを外に向けて、伝えたり、広めたりするといった意味があり、出版や宣伝、広告、啓蒙に関係します。

探究心が旺盛で、興味があることを見つけるとそれに熱中しますが、ある程度理解すると、他のことに関心が移ります。

射手座は経験や視野を拡大し、成長することがテーマなので、一つのところに留まらず新しい興味の対象を探し続けます。

【射手座をあらわすキーワード】

海外、旅行、巡礼、拡大、発展的、公的な機関や国家資格、輸入、貿易、教育、思想、長距離移動、哲学的な教義、自由、大胆、ジャーナリスト、マスコミ、出版関係、広告関係、学者、宗教家、法律関係、貿易関係、外交官、教育関係、哲学者、思想家

山羊座 ♑

（活動宮／地／女性星座／ 支配星 土星／ 色 黒、茶）

【キーフレーズ】

「わたしはやり抜く」「わたしは耐える」「わたしは実現する」

射手座で探求し、チャレンジしたことを現実的な成果物にするのが山羊座のフェーズです。射手座で定義された信念やルールを社会活動とキャリアの領域において適用する段階です。社会階層の中で私たちの居場所や役割を見つけるために、目的を明確にし、それに合わないもの、不要なものを削減し、そのために必要なものを残す合理性と、無駄を嫌う倹約精神があります。

【山羊座をあらわすキーワード】

忍耐力、努力家、野心家、目標達成、責任感が強い、理性的、真面目、時間をかけてコツコツと取り組む、仕事、働き者、保守的、実務的、経済的、ムダを嫌う、倹約精神、質実剛健、伝統、古い、老人、山、マラソン、建築、土木、国家権力、用心深さ、危ない事や危ないものには近付かない、組織、管理、教師、公務員、政治家、数学者、整骨、農業、不動産関係

水瓶座 ♒

（不動宮／風／男性星座／ 支配星 天王星／副支配星・土星／ 色 メタリックブルー）

【キーフレーズ】

「わたしは知っている」「私は改革する」「わたしは解放する」

山羊座で社会的な目標を達成した水瓶座はそこから自由になります。個人的な野心や成果を越えて、個を超えて、人類や集団の観点から、社会的な問題を解決しようとします。そのための改革を行ったり、技術や知識の力によって、これまでの限界や制限を越えようとします。

独創的で閃き豊か、常識やルールにとらわれない自由な発想をします。グループ全体、社会全体の福祉を促進し、革新的な理想を描きます。ヴィジョンや目標を達成するために、グループ、政党、コミュニティ、集団、協同組合で、志を同じくする人々と一緒に物事を行うことに関心を持ちます。

【水瓶座をあらわすキーワード】

自由、独創性、創作、発明、発見、革命、先見性、アイデア、先端技術、科学、意外性、風変わり、異端、束縛・ルール・古い価値観を嫌う、常識にとらわれない、人とは違う生き方を望む、フレンドリー、仲間意識、友愛精神、IT技術、空、宇宙、親切、個性的、天才性、放送局、コンピュータ、写真、航空関係、科学者、発明家、社会学者、社会活動家、天文学者、占星術師、国連関係の仕事、カメラマン

魚座 ♓

（柔軟宮／水／女性星座／ 支配星 海王星／副支配星・木星／ 色 マリンブルー、ラベンダー）

【キーフレーズ】

「わたしは信じる」「わたしは夢見る」「わたしは共感する」

　12星座の最後である魚座は、すべてを統合するフェーズです。魚座のキーワードはワンネスであり、源、神、霊、スピリット、存在の全体との融合を目指します。

感受性が鋭く、繊細でロマンチスト。共感力が高く、博愛的で高い癒しの能力を持っています。目に見えない物事をキャッチする感度が高く、イメージ力に優れ、芸術的なセンスに優れています。

【魚座をあらわすキーワード】

感受性が鋭い、想像力が豊か、芸術（音楽、絵画、舞踏）、芸才、直感力、共感力、癒し、奉仕精神、自己犠牲的、ロマンチスト、個人のコントロー

ルの喪失と無力感、嘘、幻想、虚像、夢想、空想、占い、セラピー、水商売、サービス業、医療関係、映画・映像関係、女優、俳優、タレント、歌手、アーティスト、動画制作、メディア関係、芸術関係、芸能関係、イメージ産業、宗教家、神秘的な仕事

12ハウス

　ホロスコープは、ハウスと呼ばれる12の領域に区分されています。

　各ハウスは、人生のさまざまな領域を象徴するテーマと結びつけられています。

　ハウスの分割方法（ハウスシステム）にはいくつかの種類がありますが、日本で多く用いられているのは「プラシーダスハウスシステム」と「コッホハウスシステム」です。

　各ハウスシステムによって、ハウスの大きさが異なることがあり、あるハウスシステムでは天体が2ハウスに位置したり、別のハウスシステムでは隣の3ハウスに位置したりということが起こります。

　その場合はどちらを見れば良いのかと迷うかもしれません。

　しかし、ハウスシステムにおいて、絶対これが正しいというのはありませんので、両方見ることをお勧めします。

各ハウスのキーワード

１ハウス

　１ハウスは魂が肉体を得るときに獲得する場所です。１ハウスの始まりの星座はアセンダント（上昇宮）です。

　アセンダントは、出生時間と出生地によって決まります。

　このことから、１ハウスはその人の魂における出生の意図と強く結びついています。

　１ハウスは個性や資質、パーソナリティ、アイデンティティ、生命力、体質をあらわします。

【１ハウスのテーマ】

- 　本人の個性や性質、体質
- 　生命力
- 　セルフイメージ
- 　行動パターン
- 　出生時や人生の初期の頃の環境や様子
- 　容姿、他者に与える印象
- 　人生に対する動機付け
- 　天命
- 　頭部、脳、眼

２ハウス

　２ハウスはその人の価値や価値観、所有することやものに対する意識、価値に変えることのできる才能や資質、収入や金銭管理、金運、スピリチュアルな側面からはこれまでの転生で培ってきた技術や才能をあらわします。

【2 ハウスのテーマ】

◎ 所有物、財産、動産、個人の資産

◎ 経済状況、金銭感覚、金運、価値観、所有欲

◎ 収入を得るための方法や才能、意志

◎ 魂に刻まれた資質や才能、技術

◎ 首、咽喉、耳、鼻、顎、甲状腺、後頭部

3 ハウス

情報とコミュニケーション、身近な人との関係に関わる場所です。

知的な能力、教育や学習への意欲、どのような分野に興味を持つか、持っている知識をどう表現するかといったことが示されています。

また、兄弟姉妹、親戚、隣人との関係についても判断することができます。

【3 ハウスのテーマ】

◎ 知識、知性

◎ コミュニケーション能力、言語表現

◎ 通信、情報伝達、SNS, モバイル、電話、メール

◎ 他者との日常の交流、情報のやりとり

◎ 学習、会話の傾向

◎ 精神的な興味

◎ 兄弟姉妹、親戚、近所の人

◎ 初等教育

◎ 執筆、講演

◎ 短期間の契約

◎ 短期間や短距離の旅行、国内旅行

◎ 短距離用の乗り物

◎ 腕、肩、手、肺、呼吸器、気管、気管支、神経、肋骨

４ハウス

　家、家庭、家族をあらわします。心理的に安心してくつろげる場所、心の拠り所となる基盤を意味します。また、自分のルーツやバックボーンにも関係します。

【４ハウスのテーマ】

- 家、家族
- 家庭環境、家庭生活
- 家屋、土地、不動産
- 帰る場所、居場所、自分の部屋、実家、故郷
- リビング、キッチン、旅館、ホテル
- 基盤、先祖、お墓
- 晩年（人生の終末）、介護
- 母親
- バックボーン、ルーツ
- 場所：住居
- 乳腺、乳房、胃、横隔膜、膵臓、子宮

５ハウス

　自分が生み出したり、創造するもの、ドキドキワクワクしたり、喜びや楽しみ、快楽に関係する場所です。

　１〜４ハウスまでで完成した個人を外に向かって表現したり、アピールすることに関わります。

　意識は外に向かうものの、他者のニーズに答えたり楽しませることよりも、自分が楽しむことややりたいことが中心になります。

【５ハウスのテーマ】

- 自己表現、創造性
- 恋愛、妊娠、出産、子ども

- 個人的な楽しみ、趣味、遊び、娯楽、エンターテイメント
- 個人の願望
- 喜び、感動の傾向
- スポーツ
- ゲーム、ギャンブル、投機、投資、相場
- 親の財産
- ライブ、コンサート、劇場、遊園地、娯楽場、競技場
- 背中、心臓、脊髄、大動脈

6 ハウス

　生計を立てる手段としての仕事と、元気で働くための健康状態に関する場所です。また、体質的に弱い部分や、病気についても判断することができます。

　自分を確立し、自分の楽しみや喜びで満たしたら、身近な人のために何かしようと動きます。他者への献身、特に上司や上の立場の人へ奉仕を行うこと、要求に答えることに関わります。

【6ハウスのテーマ】

- 仕事と健康
- 短期間の病気
- 奉仕
- 労働能力、労働による報酬
- 職業訓練
- 修行
- 部下、雇用人、アシスタント、使用人、秘書、看護師
- 自己管理、自己調整、習慣、日課
- ペットや小動物
- 奉仕、献身

- 勤め人
- 親の兄弟
- 軍隊
- 仕事場、職場環境、テナント、薬局
- 腹部、腸、卵巣、精巣、神経

７ハウス

　１ハウスから７ハウスまでは個人の領域となり、７ハウスから12ハウスは公的な領域となります。

　１～６ハウスで個人を完成させたら、７ハウスで他者との関係が生まれます。また、他者を通して、客観的に自分自身を見つめていきます。

　７ハウスは１ハウスの反対側の場所で、１ハウスは本人の場所であるのに対して、７ハウスは他人、特に１対１で関わる相手、配偶者や共同事業を行うパートナー、取引相手、ライバルをあらわします。

　７ハウスにある星は、パートナーや１対１の相手とどのように関わるかを示します。

【７ハウスのテーマ】
- 対人関係、１対１の関係
- 結婚、配偶者、パートナー
- 契約、共同、提携、協定
- 調停、争い事、訴訟問題
- 社交生活
- 結婚式場、相談所、調停所
- 夫、妻、相方、ライバル、協力者、祖父母、甥、姪、交渉相手
- 腰、腎臓

8ハウス

　2ハウスは自分の所有物やお金、自分で稼ぐお金に関わる場所ですが、その反対の8ハウスは7ハウス（他者）のお金や財産に関することを示します。

　パートナーのお金や不労所得、遺産や借金などもあらわします。

　また、8ハウスは8番目の星座である蠍座に関係するため、生死や生死を超えて受け継がれるもの、死によって受ける打撃や得るもの、相続、DNA、先祖、セクシャリティや秘密、深層心理なども示します。

【8ハウスのテーマ】

　　死

　　他者（パートナー）のお金

　　他者から得る財産

　　遺産、相続、遺業

　　頂き物、不労所得

　　借金、ローン

　　他者との深い絆、つながり、セックス、因縁

　　神秘、霊界、先祖、DNA、生まれ変わり

　　秘密、裏に隠されたもの、深層心理

　　神社、仏閣、産婦人科、寝室

　　パトロン、霊能者、心理学者、心理カウンセラー

　　生殖器、性器、泌尿器

9ハウス

　高等教育、専門的な学問、海外、精神世界、思想、哲学、宗教のハウス。3ハウスの知識や情報、教育、旅をスケールアップし、高度にしたのが9ハウスのテーマです。

　3ハウスの学びが初等教育や答えのあるものに対して、9ハウスはア

カデミックで高尚で抽象度の高い問題を扱います。

　それらの知恵や思想を広めていくための出版、広告、宣伝、啓蒙、各種メディアにも関わります。

　また、3ハウス、9ハウスともに移動に関係しますが、9ハウスは遠距離となります。情報を伝える範囲も広くなります。

【9ハウスのテーマ】

- 深遠な精神的興味
- 遠方、海外、外国、貿易
- 高度な学問 、研究、高等教育、大学、専門学校
- 思想、哲学、宗教、信仰や信条、精神世界、予言
- 法律
- 出版、宣伝、広告
- 長距離の旅行
- 遠方へ行くか多くの乗客を輸送できる乗り物
- 航空機、宇宙ロケット
- 大学、図書館、大使館、空港、外国に関わる場所
- 学者、研究者、教授、聖職者、哲学者、外国人、パートナーの兄弟姉妹
- 肝臓、大腿部、尻、坐骨

10ハウス

　10ハウスの入り口はホロスコープの天頂であるMCとなります。

　10ハウスは社会での居場所、社会的に評価される事柄、地位や名誉、社会的に目指す場所、なりたい自分に関わることが示されています。

【10ハウスのテーマ】

- キャリア、仕事、職業、経歴、社会的地位、名声、名誉、肩書、社会的役割

- 人生の目標、天職、ライフワーク、使命、天命
- 世間の評判や評価、社会に打ち出す自分
- 伝統、古典に関する事
- 父親、目上の人、年長者、上司、権力者、有名人、王、国家元首、パートナーの両親
- 政府、大組織、大企業、有名な場所、歴史、名所旧跡、伝統のある場所、ビル
- 骨、ひざ、関節、歯、皮膚

11ハウス

　5ハウスが個人的な楽しみなのに対して、11ハウスは「他者と共有する楽しみや喜び」に関わる場所です。楽しみを分かち合えるのは、好きなことが同じであったり、理想や希望が一致している人たちであるため、友人、仲間、同志をあらわす場所となります。

　また、ここは願望実現に関係します。それは仲間や人とのつながりによって、もたらされやすいものだからです。

【11ハウスのテーマ】

- 友人、仲間、同志、グループ
- 希望、願望、理想、未来
- 団体、組合、連盟、サークル活動、研究会、同好会
- ネットワーク、IT、コンピュータ、人脈
- 博愛精神、フリーランス
- 集会所、博物館
- すね、足首、くるぶし、循環器系、血液、血管、リンパ腺、血圧

12ハウス

　12ハウスは、1ハウスから見て背後に当たる場所であることから、見えないことに関係します。また、1ハウス＝始まりの場所の前にあったもの。すなわち、魂が背負ってきたこと（カルマ、因縁）でもあります。

　自分のまいた種を刈り取る、因果応報や清算に関わる場所です。

【12ハウスのテーマ】

- 宿命、カルマ、秘密（人に知られたくない問題）
- 見えないもの
- 潜在意識　慈善、奉仕活動、隠れた善行
- 癒し、スピリチュアル、占い、セラピー、神秘学、芸術
- インターネット、目に見えない世界
- 病院、長期間の病気、入院生活
- 隔離された場所、刑務所、収容所
- 福祉施設、老人ホーム
- 事故、心配事、過去の過ち、犯罪、見えない敵、テロ
- 隠遁生活、引退、現実逃避、引きこもり
- 大型の動物
- 芸術家、アーティスト、セラピスト、ヒーラー、医療従事者、占い師
- 足、つま先

ドラゴンヘッド
と
ドラゴンテイル

　ドラゴンヘッド、ドラゴンテイルとは

　　・月の軌道である白道

　　・太陽の軌道である黄道

が交差するポイントです。

　天体ではなく、黄道上のポイントをあらわします。

　交差するポイント(交点)は2箇所できるので、それぞれがドラゴンヘッド、ドラゴンテイルとなります。

　ドラゴンヘッドとドラゴンテイルはちょうど180度の対角線上に配置されます。

　黄道に対して月が昇っていくポイントをドラゴンヘッド(昇交点)、月が降りていくポイントをドラゴンテイル(降交点)といいます。

　ドラゴンヘッドとドラゴンテイルのことを「ルナノード(月のノード)」と呼ぶ場合もあります。

　月が昇るドラゴンヘッドは北にあるので「ノースノード」、月が降りていくドラゴンヘッドは南にあるため「サウスノード」と呼ばれています。

　ドラゴンヘッドとドラゴンテイルは魂が地球に降りてくるときに通過する場所とされ、縁や社会との関わりを示します。

ドラゴンヘッド ☊

　魂が成長するためのテーマ。

　魂が今世で成し遂げようとする事柄や努力の方向性。

　今世でチャレンジしたいこと。

　新しい人生を創造していくエネルギーに溢れた未来の成長や発展につながる開運ポイントです。

　ドラゴンヘッドのテーマに取り組むことで魂のつながりのある仲間、ソウルグループやソウルメイトと出会いやすくなったり、ご縁が自然と広がっていきます。

　社会との接点という意味から仕事が拡大したり、商売繁盛につながったりする事柄に関係します。

ドラゴンテイル ☋

　魂にとって過去世や他の転生で慣れ親しんできた事柄。

　魂にとってのリソース（才能、技術、カルマ）であり、頑張って努力しなくても自然にできてしまうこと。

　腐れ縁。

　ドラゴンテイルのテーマは、その人にとって、楽にできることであるため、得意分野や才能として使うことができます。

　ただし、ドラゴンテイルのテーマを行うだけでは魂としての成長は期待できないため、それだけでは発展にはつながりにくい分野といえます。

ワーク編

自分本来のパワーを目覚めさせる

7週間の
ワークノート

あなたのホロスコープの星のキーワードを知り
質問に答えながら
ノートを書いていくことで
魂レベルでのあなたを知り
宇宙とのつながりを深めましょう

1
week

月が教える
あなたの心を満たすもの

月 🌙
（蟹座の支配星、地球の衛星）（気質・感受性）数字2
【キーワード】
変化、移ろう心、反応、潜在意識、習慣、欲求
私たちの心と体に影響を与える（特に気分や感情）

 月のリズムが人間の生態と気分に影響を与える

　月は、約27.3日で12星座を一周しながら、太陽との位置関係によって満ち欠けする天体です。

　人間をはじめ、生物や植物は、この月の満ち欠けの影響を受けています。たとえば、月は母性と結びつけられる天体ですが、新月、満月の日は、出産が多くなります。また、満月の日は犯罪や事故が増えるというデータもあります。

　これは月が地球に近い天体であり、また、人間の体の80％が水分で出来ているため、潮の満ち引きの影響を受けるからと言われています。

　特に人間には、「気分」や「気持ち」に月の影響があらわれます。

 感情はナビゲーション

　闇夜を照らす月光のように、月は私たちの心が求める場所を教えてくれる天体です。

　月の意味する感情や気分が、ナビゲーションの役割をするのです。

　つまり、あなたにとって、何が心地よくて、何が不快かを指し示すのです。不快感は最もシンプルなガイダンスの一つです。

　月は心と体質の両方に関係する天体ですので、この不快感には感情的なものや心理的なものもあれば、肉体的なものの場合もあります。

　これは、あなたの中にどこかバランスを取り戻す必要があることを示しています。

　感情を抑圧していたり、体質に合わないことをしている場合もあれば、物事のとらえ方や状況認識に偏りや誤りがある場合もあります。

　いずれにしても、何かが違うというサインなのです。

月の引き寄せ、願望実現で働くのは顕在意識より無意識下の思い

　願望実現においても月はとても重要な天体です。

　なぜなら、あなたの願いを叶えるのも、それを妨げるのも月だからです。月は感情や気分とともに潜在意識や習慣を司る天体です。

　私たちの人生を創っているのは、潜在意識と習慣であるといっても過言ではありません。意識的に何かを考え、行動しているようでも、気が付けばいつものパターンに陥りがちです。

　私たちが意識しているのは、実は表層の10％で、残りの90％の無意識によって、無自覚なうちに行動したり、選択しているからです。

　つまり、意識できるものが顕在意識で、潜在意識は意識できないものなのです。

　だから、ダイエットをしようと思い、
「夜8時以降はお菓子を食べない」
と決めたのにも関わらず、無意識のうちにチョコレートをつまんでいたりするのです。

　それは、顕在意識の「痩せたい」という意志よりも、口さみしいと何かを口にする習慣や、甘いものを食べたいという欲求のほうが、強く行

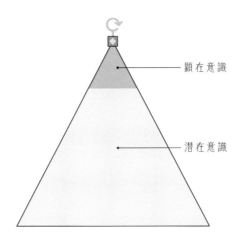

顕在意識

潜在意識

動に影響を与えるからです。

この場合、ダイエットを成功させるには、潜在意識に「痩せたい」という強い思いを刷り込むか、強力な習慣を作らなくてはなりません。

そのとき、ホロスコープの月が示す気質や無意識のうちにあなたが求めてしまうものを知ることが役に立つのです。

たとえば、牡羊座の月の人は活動的で新しもの好きです。また、せっかちなところもあります。だから、何か新しいことにチャレンジしたとき、最初は非常に情熱的に取り組みますが、なかなか結果が出ないとほかに関心が移りがちです。

このような気質の人には、最初にかなりの行動量を必要とするかわりに、スピーディな結果が出る方法を選んだ方がうまくいく確率はグッと高まります。

逆に忍耐強く、感情をコントロールしやすい山羊座の月の人は、時間をかけてコツコツと積み重ねながら進めていくやり方だと、結果を出し

やすいでしょう。

　願望実現に月が大事なのは、望みを叶えるためには、この月＝潜在意識、習慣を味方にすることが不可欠だからです。
　それにはあなたが実現したいことと、無意識のうちにあなたが求めてるものが合致していることがとても大事なのです。

　たとえば、牡牛座の月の人が
「会社員をやめて、お店を開きたい」
という願いを持ったとします。
　牡牛座の月は保守的で安定志向です。お金や豊かさを愛し、それらが気分や感情を左右します。
　だから、それらを脅かすような願いをこの月の持ち主が持ったとき、無意識のうちで邪魔をします。
　もしも、牡牛座の月の人が、
「会社員をするより、自分でお店を開いたほうが豊かになれる」
「お店を開いたら、繁盛する」
と潜在意識レベルで信じていれば、この願望はあっという間に叶います。
　しかし、
「会社員なら、毎月、安定した収入が得られるから安心」
「お店を開いてもうまくいかなかったら経済的に困窮してしまうかもしれない」
「借金を背負うことになったらどうしよう」
「自営になったら、朝から晩までめくせく働いてのんびりする時間がなくなってしまう」
そういう思いが潜在意識にある場合、願いはなかなか叶わないでしょう。
　チャンスがあったとしても、無意識のうちにそれをフイにするような行動を取ってしまうからです。

「仕事が忙しくて今はそれどころではなくなった」
とか、
「開業資金として貯めていたお金を別のことに遣ってしまったから、ま
た、お金を貯めるところからスタートしなくてはいけない」
といった状況を引き寄せたり、気が付いたらそうなっていたりするの
です。つまり、

　　　　月の欲求と矛盾する願いは叶いにくい
　　　　月の欲求を満たす願いは叶いやすい

ということです。だから、このような場合、願いを叶えるためには、
「お店を開いたほうが今よりもずっとリッチになれる」
「スタッフがお店を切り盛りしてくれるから、自分は安心して休みが取
れる」
といった牡牛座の月が喜ぶようなイメージや信念を潜在意識に刷り込む
ことが有効です。
　そのためには、あなたはどんなことが心地よくて、どんなことによっ
て満たされるのかを、ホロスコープの月の性質から知っておくと良いで
しょう。

ホロスコープの月の影響

潜在意識レベルで自分が抱く欲求

無意識のうちにする反応

自分の思い癖、習慣

素の性格

↓↓↓↓

これが人生の大部分を創っている

 魂のブループリントを読む上で、ホロスコープの🌙が示すもの

・転生の記憶

・転生で形成された刷り込みや習慣、心の癖

・これまでの転生で魂が多く経験したライフスタイル

・心の充足感を得るために何をすれば良いか

・怖れ、不安にもとづく感情を満たすための欲求

 月の影響を読み解く方法

1.月のエレメントで月の気質や感情を確認

2.サイン（星座）→気質、反応、欲求について知る

3.ハウス→心を満たしたり、不安にさせる事柄、分野は何かを知る

月の影響であなたを満たすもの、あなたの心を揺るがすものを知るワーク

　月星座は、あなたの気質や感情の傾向をあらわします。

　P.27を参照して、あなたに当てはまっていると感じるキーワードや表現をピックアップしながら、あなたの月の星座が示すあなたの気質や感情の傾向を探りましょう。

＊どのように書けばよいかわからない場合はP.80のビル・ゲイツのサンプルリーディングを参考にしてみてください。

月は

　　　　　　　　　　　　　座　　　　　　　　ハウス

P.27　月を参照

月の星座は

男性星座　　　　　　　女性星座

＊該当するものに○をしましょう。

P.57　2区分を参照

意識の方向性は

P.38 3区分を参照

月星座の3区分は

活動星座 不動星座 柔軟星座

*該当するものに○をしましょう。

P.38 3区分を参照

月星座の3区分から見た感情や気質の傾向は、

月星座のエレメントは、

*該当するものに○をしましょう。

P.39 四大元素を参照

月星座のエレメントから見たあなたの心を満たしたり、気持ちにフィットするのは、

月星座は

座

～～～～～～～～～～～～～～～～～～～～

P.41　12星座（12サイン）を参照

あなたの気質や感情のパターン、無意識のうちにすることや欲求は、

73

月のハウスは

_____ ハウス

P.49　12ハウスを参照

あなたの心を揺さぶったり、あなたが関心を寄せる事柄、あなたの心が
求めているものは？

....

....

....

....

....

....

....

....

....

....

....

....

月の星座とハウスを合わせて読んでみましょう。

あなたの月星座とハウスがあなたの人生に及ぼしている影響を自由に
書いてみましょう。

この結果から、サンプルリーディングを参考に、以下の文章を作ってみ
ましょう。

私の潜在意識は、

....

....

....

....

....

....

....

....

という欲求を持っています。

私の潜在意識は、

非常に快適です。

私の潜在意識が怖れたり、不安なことは、

です。

私の潜在意識を味方にするには、

と信じさせることが重要です。

私の願望を叶えるには、それが実現すると

ということを潜在意識に伝えることが有効です。

あなたの潜在意識に刷り込みましょう。

私が

　　　　　　　　　　　　　　　　　　　　すると、

私は

　　　　　　　　　になれます（することができます）。

これを繰り返し言葉に出しましょう。

サンプルリーディング

ビル・ゲイツ

マイクロソフト会長・共同創業者。慈善活動家、技術者、プログラマ、作家、教育者。13歳でプログラミングを始め、ハーバード大学中退後、ポール・アレンととマイクロソフトを創業。

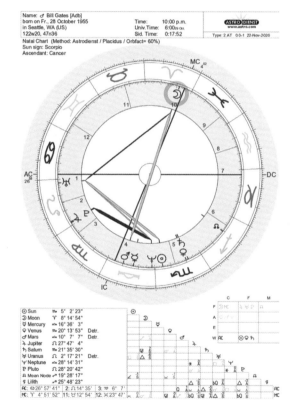

Name: ♂ Bill Gates [Adb]	Time:	10:00 p.m.	ASTRO DIENST
born on Fr., 28 October 1955	Univ. Time:	6:00 a.m.	www.astro.com
in Seattle, WA (US)	Sid. Time:	0:17:52	
122w20, 47n36			Type: 2 AT 0.0-1 22-Nov-2020

Natal Chart (Method: Astrodienst / Placidus / Orbfact= 60%)
Sun sign: Scorpio
Ascendant: Cancer

⊙ Sun	♏ 5° 2' 23"	
☽ Moon	♈ 8° 14' 54"	
☿ Mercury	♏ 16° 36' 3"	
♀ Venus	♏ 20° 13' 53"	Detr.
♂ Mars	♎ 10° 7' 7"	Detr.
♃ Jupiter	♌ 27° 47' 4"	
♄ Saturn	♏ 21° 35' 30"	
♅ Uranus	♌ 2° 17' 21"	
♆ Neptune	♎ 26° 14' 31"	
♇ Pluto	♌ 28° 20' 42"	
☊ Mean Node	♐ 19° 28' 17"	
⚸ Lilith	♐ 25° 48' 23"	

| AC: ♋ 26° 57' 41" | 2: ♌ 14' 35" | 3: ♍ 6° 7' |
| MC: ♈ 4° 51' 50" | 11: ♉ 12° 54' | 12: ♊ 23° 47' |

月は　　　　牡羊　座　　10　ハウス

月の星座は

男性星座   女性星座

意識の方向性は、

外向き

積極的

能動的

月星座の3区分は、

活動星座   不動星座   柔軟星座

感情や気質の傾向は、

活動的

感情をストレートに行動に移す

月星座のエレメントは、

火　　地　　風　　水

感情や気質は？

情熱的

興奮しやすい

あなたに充足感を与えるものは？

新しいものを創造すること

楽しいこと

やりがいを感じることに熱中すること

月星座は　　牡羊　座

あなたの気質や感情のパターン、性格は？

積極的で活動的。勇敢で勝気。負けず嫌い。新しいものを取り入れたり、新しいことに挑戦する。1番になりたい。先頭に立ちたい。せっかちで、思い立ったらすぐに行動に移したい性質。

月のハウスは

10 ハウス

あなたの心を揺さぶったり、あなたが関心を寄せる事柄、あなたの心が求めているものは？

社会的地位

評価

名声

月の星座と合わせて読んでみましょう。

新しい分野に挑戦したり、世の中にない
ものを創始する事業を行い、社会的な地
位や名声を築く。キャリア面でリーダー
シップを発揮する。これらのことをした
いという欲求を潜在意識に持っている。

この結果をもとに、以下の文章を作ってみましょう。

私の潜在意識は、

仕事や社会的地位や名声、キャリアや新
しいことに挑戦し、それを得たいという

欲求を持っています。

私の潜在意識は、

まだ、誰もしていないことや新しいこ
とにチャレンジするとき、
先頭に立って行動するとき

非常に快適です。

84

私の潜在意識が怖れたり、不安なことは、

自分がしたいように行動できないこと

トップに立てないこと

人の後を追随すること

です。

私の潜在意識を味方にするには、

一番になれる

他の人に頭を押さえつけられずに自分

がしたいように行動できる

自分を主張できる

と信じさせることが重要です。

私の願望を叶えるには、それが実現すると、

社会的地位や名声が手に入る

トップに立てる

リーダーシップを発揮できる

ということを潜在意識に伝えることが有効です。

85

2
week

太陽を使って
人生をクリエイトする

太陽は『なりたい自分』になるための方法

　子どもの頃、学校や家庭などで、

「大きくなったら何になりたい？」

と将来の夢を聞かれたことがあるでしょう。

　そのとき、あなたはどう答えましたか？

　なぜ、あなたはそれになりたいと思ったのでしょう？

　あなたのその答えはきっと太陽に関係しています。

　なぜなら、太陽は、アイデンティティ、つまり自分とは何者か、どのように自分を認識し、表現するかに関わる天体だからです。

　そして、それは主に公の場で見せる姿です。

　創造主の分身である魂が進化の道を歩む上で地球で体験しようと決めてきたテーマや、あなたが人生で望んでいることを創造する方法でもあります。

「大きくなったら〇〇になりたい。」

「海外を飛び回るような仕事をしたい。」

「自由に好きなことをしながら生きていきたい。」

これらは、人生の目的でもあり、あなたがあなたらしく、内なる愛や喜びを表現する方法なのです。

　それが結果的に社会の中であなた自身を確立したり、公であなたをアピールする方法にもなり、人生を主体的に生き、自らが思い描いたような人生をクリエイトする方法でもあるのです。

　一般的な星占いは、太陽星座で占うため、太陽星座が自分の性格であると思われがちですが、性格には、他の天体の影響も入ってくるため、太陽星座の性質がその人の特性と一致していないことも多々あります。

　特にパーソナリティは月やアセンダントの星座の影響も強くあらわれるため、それが太陽星座と一致していれば、その人はその星座の特性が

強く出ますが、まったく違う性質の場合は、ブレンドされたり、時と場所や相手によって印象が大きく異なる人となったりします。

　外ではおとなしい印象を持たれがちなのに、家族や身近な人の前ではにぎやかでよくしゃべるといった具合にです。

　しかし、太陽は、魂がもともと持っている特性を示しますので、太陽の性質がまったくないということはありません。

　また、太陽の星座はあなたをより輝かせる方法を伝えています。

ホロスコープの太陽の影響を読み解く方法

1. 太陽のハウスで、この人生でしようと決めてきたこと（人生の目的）を知る
2. 太陽のサインで1をするときに発揮する個性やキャラクターについて理解する
3. 太陽と人生の目的を遂げるために使う才能やスキルを知る

太陽 ☉

（獅子座の支配星、恒星）（本質・目的意識）数字 1

【キーワード】

　ホロスコープの主人公

【ホロスコープの中で☉が示すもの】

自己表現

自分の存在価値を示したり、能力を発揮するための方法

創造性や個性を大いに発揮できる分野

太陽の存在するハウスに関する事柄は、その人の生涯を通じ、重要

魂にとっては、今生、創造性を発揮し、自己表現する分野

　最初に確認しましょう。

1.☉がどの位置にあるか

　　サイン（星座）

　　ハウス

2.太陽☉星座の支配星

3.太陽☉星座の支配星がいるサイン（星座）とハウス

太陽星座の支配星はP.21の「支配星と12星座（12サイン）」の一覧にあります。

サンプルリーディング

バーバラ・ブレナン

アメリカの著名なヒーラー、セラピスト、科学者。

ウィスコンシン大学で大気物理学の修士号を得た後、NASAに勤務。長年、人間の体を包むエネルギー（オーラ）やチャクラを研究し、実際に肉体上の病気と大きく関わっていることを発見。独自のヒーリングメソッドを確立した。

P.22 ホロスコープの読み方を参照

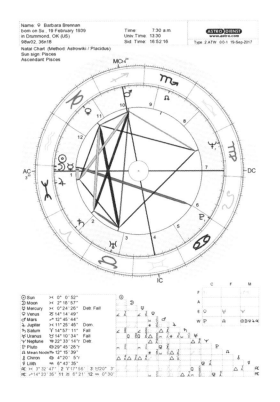

太陽は　　　魚　座　12　ハウス

太陽星座は　　魚　座

　　　　　　　魚　座 の支配星は　海王星

支配星　　海王星 の位置は

　　　　　乙女　座　7　ハウス

＊支配星は２つになることもあります。

＊ここでは、バーバラ・ブレナンの経歴に関係するキーワードを抜粋します。

１. 太陽が位置するハウスのキーワードの中で、あなたの人生に関わって
いるものをピックアップしながら、あなたがこの人生でしたいことやな
りたいものを自由に書いてみましょう。

太陽は　　　魚　座　12　ハウス

癒し、スピリチュアル、セラピー

見えないもの

病気

2. 太陽のサイン（星座）のキーワードから、1の分野に関わるときに発揮する特性や資質にはどのようなものがあるか書き出してみましょう。

太陽は

魚　　座

直感力。共感力。癒し。セラピー。

医療関係。感受性の鋭さ。想像力の豊かさ。

3. 太陽星座の支配星と、支配星の星座、ハウスを書き出し、その天体と星座とハウスのキーワードを抜き出しましょう。

太陽星座は

魚　　座

魚　　座　の支配星は　海王星

【太陽星座の支配星　海王星　のキーワード】

曖昧ではっきりしないもの、目に見えないモノ、

無意識、潜在意識、直感、霊感、癒し、

ヒーリング、セラピー

支配星 **海王星** は **乙女** 座 **7** ハウス

乙女座は分析、観察、健康、クリアリング、

肉体の癒し、セラピー、記録に関わる。

7ハウスは他者。

他者を観察し、直感や霊感を用い、目に見

えないものを分析し、肉体の癒しやヒーリ

ングを行う。それを記録した。

4. あなたは太陽のエネルギーを使ってどのように人生を創造しますか？
人生の目的や月星座の欲求を太陽をどのように使えば、叶えることがで
きますか？　自由に書いてみましょう。

魚座12ハウスの月と太陽の望みや人生の

目的は人を癒したり、助けること。

そのために目に見えない世界を探求し、直

感力や霊感を働かせ、他者を観察し、分析

する。

あなたの太陽の生かし方

　P.91のバーバラ・ブレナンのリーディングを参考にあなたのホロスコープの太陽について考察してみましょう。

太陽が位置するハウスのキーワードの中で、気になるものをP.50〜の「各ハウスのキーワード」を参照しながら、あなたがこの人生でしたいことやなりたいものを自由に書いてみましょう。

太陽は

ハウス

【ハウスのキーワード】

太陽のサイン（星座）のキーワードから、1の分野に関わるときに発揮する特性や資質にはどのようなものがあるか書き出してみましょう。

太陽は

〜〜〜〜〜〜〜〜〜〜〜座

【太陽星座のキーワード】

太陽と星座の支配星と、支配星がいる星座のキーワードを抜き出しましょう。

太陽星座は

座

座 の支配星は

(天体を書く)

太陽星座の支配星は

座　　　　ハウス

太陽星座の支配星のキーワードをP.26〜の10天体の中から、該当の天体を参照して、書き出しましょう。

太陽星座の支配星の星座とハウスのキーワードを書き出しましょう。
これは、太陽の示す、人生の目的に関係してくる事柄です。

あなたは太陽のエネルギーを使ってどのように人生を創造しますか？
太陽をどのように使えば、人生の目的や月星座の欲求を叶えることがで
きますか？　自由に書いてみましょう。

3
week

木星で
ラッキーを引き寄せ
運を開く

幸運をもたらすエネルギーを使って チャンスを引き寄せる

　木星は寛大で慈悲深く、楽観的な天体です。

　「ラッキースター」として知られていますが、本質は「拡大」です。

　木星は太陽系の中で最も大きな惑星で、とても早く自転しています。

　だから、ホロスコープの中の木星がいる星座やハウスに関することはそのもの自体が増えたり、活動が広がりやすく、スピーディに物事が進展していきやすいのが特徴です。

　木星は公的で社会的な星です。

　だから、木星に関わることは、個人レベルではなく、社会や公の場所でするようになりがちです。

　たとえば、12ハウスに木星がある場合、12ハウスのテーマである癒しやセラピー、福祉、慈善事業を公的な場所で行う＝医療従事者やセラピストとなったり、介護施設で働いたり、公共サービスに関わったりしやすいのです。

　古来から、木星はグレートベネフィット、偉大なる幸運や利益をもたらす星とされてきました。

　これは、法律やルールを守り、寛大で慈悲深い行動をすることによって、人や社会から信頼を得た結果、もたらされるものです。

　それによって、あなたの自己肯定感は高まり、自分に自信を持つことができるようにもなるでしょう。

　あなたが自分を信頼するほど、他の人もあなたのことを信頼します。それは、心の中にあるものが外の世界で起きるという宇宙の法則にも基づいています。

　自己肯定感を高める方法の一つが木星を活用することです。そのためには、あなたの木星のエネルギーについて理解しましょう。

　さらに、木星のハウスや星座に関することについて、希望やヴィジョンを持つことです。

そのテーマを拡大したり、発展させたり、向上させるには、どうすれば
いいだろうと探求することで、木星エネルギーが活性化し、同時に、あ
なたの意識も拡大します。

　たとえば、10ハウスに木星があるならば、キャリアを拡大したり、
地位を高めるには、どうすればいいだろうと模索し、探求する。

　それによって、その人自身の意識が拡大し、それによって、その人は
仕事を大きくしたり、出世したりする方法を見つけたり、チャンスを掴
んだりするのです。

　それが木星のエネルギーを活用するということです。

　また、その方法として、木星星座に関わることをすると良いでしょう。

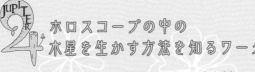

ホロスコープの中の
木星を生かす方法を知るワーク

ホロスコープの中の木星のサイン（星座）とハウスを確認しましょう。

木星は

_____ 座 _____ ハウス

木星星座のキーフレーズやキーワードの中から気になるものを書き出し
てみましょう。

_____

_____

_____

_____

_____

_____

_____

　この星座に関わることは、どうすれば、あなた自身をもっと信頼し、受け入れることができるようになるかを示しています。

　ほかにも、あなたの強みや才能、成長、意識の拡大など、人生により希望や意義を見出せるようにするための方法を伝えます。

　以下の質問に対する答えを書き出してみましょう。

木星星座のどのような特性があなたの強みや才能にあてはまりますか？
思いつくままに自由に書いてみましょう。

あなたがしている仕事や社会活動、叶えたい望みや豊かさ、繁栄を引き寄せるには、この水星星座の特性をどのように生かせば良いと思いますか？

木星のいるハウスは、あなたの人生において、発展、豊かさ、財運、成功につながる分野です。

木星のハウスのキーワードから、あなたの人生に発展や拡大のチャンスがあるテーマについて書き出してみましょう。

木星のいるハウスについて、あなたはどんな希望や期待を持ちますか？
どんな風に拡大したり、発展したら、幸せを感じますか？
そうなるには、どうすればいいか探求することで、木星のエネルギーが
動き出します。自由にあなたの希望を書き出してみましょう。

水星のハウスの拡大や発展、豊かさは水星星座の特性を社会の中で生かすことで呼び込むことができます。
あなたは社会の中でどんな活動をすれば、水星のハウスの発展力や拡大パワーを得ることができると思いますか？
思いつくかぎり挙げてみましょう。

水星が山羊座で11ハウス の場合

仕事仲間で組合を創る
職場でサークル活動をする
年上、高齢者の友人や仲間と交流する

この中であなたが幸せになるためにしようと思うことは何ですか？

その結果、どんな発展や幸運(どんな状態になること)をあなた自身に
許しますか?

4
week

土星で
人生の課題と
現世的な目標を知る

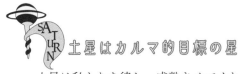# 土星はカルマ的目標の星

土星は私たちを律し、成熟させてくれる星です。
ヴィジョンや理想を実現したり、形にしてくれる星でもあります。

　私たちが地上に蒔いた種が花開き、大きな実を結ぶ。そのとき、私たちは土星のエネルギーを使っています。

　種というのは、私たちの思考や意図です。

「こうしたい」
「こうなる」
「こうする」

と、決めたとしてもすべてが現実になるわけではありません。実現するもののほとんどが、それを心のどこかでずっと願い続けていたか、具体的に行動したかのどちらかです。
　植物の種を蒔いたあと、水や肥料をあげたり、害虫を防ぐネットを張ったり、日照を考慮したりと、意識を向け、エネルギーを注いだものは、美しい花を咲かせ、大きな収穫をもたらすのと一緒です。

　宇宙の法則の１つに
「原因と結果の法則」
というものがあります。

　起きている出来事には、すべてもとになった「原因」がある。
「原因」を見れば「結果」は自ずと予測できる。
　それが「原因と結果の法則」です。
　つまり、「結果」を得たければ「原因」を作れば良いということです。

　土星の年齢域は55歳から70歳までです。この時期は、それまでの生き方が形となってあらわれます。

　それまでの人生で何をしてきたか、何に時間や労力を注いできたか、その結果が目に見える形で示されるのです。

　また、ホロスコープの中の土星は、あなたが、現世で取り組むカルマ的な課題です。

「カルマとは、結果を伴う行い」

のことです。

　それは私たちがこの地球で、肉体を持ち、物質社会を生きる上での「現世的な目標」で、目に見える収穫（成果や結果）を手にするために努力したり、乗り越えることです。

　希望の大学に合格するためには、その学校の試験にパスしなくてはなりません。そのための勉強が必要となります。

　試験科目ではない科目を一生懸命勉強したり、出題傾向とまったく違うことに熱心に取り組んでも、望むような結果を手にすることは難しいでしょう。

　ホロスコープの土星の位置は、あなたのカルマ的な目標を示すと同時に、それを達成するためには、具体的に何をすればいいのかを示します。

　時間や労力をどこに注ぎ込むべきかという努力のポイントです。

「何をすればいいんだろう？」
「何を頑張れば、結果につながるんだろう？」

　その答えが土星です。

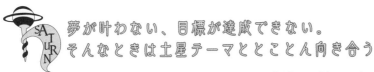

夢が叶わない、目標が達成できない。 そんなときは土星テーマととことん向き合う

　もし、あなたが社会的に成功したいのなら、木星と土星のエネルギーの両方を使うことが非常に重要です。

　また、なかなか夢が叶わない、目標を達成できないとき、ホロスコープの中の土星のテーマを避けていることが原因かもしれません。

　ホロスコープの土星は、魂がこれまでの転生で何度かチャレンジしてきたことです。でもまだ、課題を十分にやりこなしていなかったり、その分野で目標達成をしていなかったり、苦しさのあまり挫折したり、責任や義務を果たさずに逃げ出したりしたことです。

　だから、土星のテーマに関して、多くの人が苦手意識や怖れやコンプレックスを抱きがちです。

　できれば避けて通りたいと思っている一方で、なぜだかわからないけれど、気になったり、苦手なのに人生で何かとついてまわったり、葛藤が多い分野でもあります。

　それは、土星があなたが自らの弱点を克服し、恐怖心を乗り越えた先には、達成感や物質的な成果を得ることができる分野を示すからです。

　土星は魂が何度もチャレンジしてきた分野です。つまり、それだけの経験が魂に蓄積されているということです。

　したがって、あなたがそれに対して、真摯に取り組むと、あなたの才能や強みが発揮され、社会の中で評価されたり、社会に貢献したりすることができるのです。

　土星は木星同様、社会の星です。

　そのため、土星エネルギーは公の場で使われ、その多くが仕事や役割を通して表現されます。

　「石の上にも3年」という言葉があります。

　これは、「冷たい石の上は最初は冷たく感じるが、ずっと座っていればだんだん暖まる」という意から、忍耐や物事を継続することの重要性

をあらわす言葉となっています。

これはまさしく土星です。

ホロスコープの土星のサインやハウスに関わることは時間を要します。

土星は、物事を継続したり、忍耐強く取り組むことを通して、その人を成長させたり、「苦手」や「コンプレックス」を克服したり、強みに変化させます。

土星と向き合うと収穫や成果を得たり、地位やキャリアを築いたりするのは、そのプロセスを通して未熟な状態から大人になっていくからです。

そして、今までよりもより大きな視点、崇高な意識で物事を観たり、感じたりすることができようになります。

それによって宇宙の意思と同調しやすくなり、真の自由や幸福を享受しやすくなるのです。

土星はその人の意識によってもあらわれ方が変わります。

土星の年齢域がスタートする55歳以前は、土星は試練の星と感じ、これまでお伝えしてきたように「苦手、コンプレックス」「怖れを感じる分野」「やりたくないのにさせられること」など、やたらと時間がかかったり、制限があって、思うようにいかないことであると感じがちです。

しかし、55歳〜70歳頃になると、土星のテーマは、「社会的成功やキャリアをもたらすもの」や「努力し、試行錯誤することで成果があらわれるもの」「ライフワークに関係するもの」という認識に変わるでしょう。

それは、その人が、土星のエネルギーとしっかり向かい合ってきたり、努力を重ねてきたりしたからです。

土星はこのように私たちをただ苦しめるだけの星ではなく、大きな収穫や成果をもたらす星なのです。

その土星エネルギーを使いこなすには、あなたのホロスコープの土星のサイン（星座）とハウスのテーマに関する課題を知り、それと向き合うことです。

　具体的には、苦手分野に取り組んだり、怖れを感じていることをしてみたり、それにまつわる義務を避けずに、行うこと。

　土星星座やハウスに関係することを頑張ったり、訓練したり、トレーニングすることです。

土星の星座とハウスから導く
あなたのカルマ的目標とそれを達成する方法

あなたが苦手なことや強く怖れていることを書き出してみましょう。

ホロスコープの中の土星のサイン（星座）とハウスを確認しましょう。

土星は

_____ 座 _____ ハウス

あなたのホロスコープの土星の星座とハウスのキーワードを参照し、あなたがこれまでの人生で直面した試練やコンプレックス、苦手意識に関わるものを書き出してみましょう。

《土星の星座に関すること》

《土星のハウスに関すること》

それを乗り越えたら、どんなあなたになっているでしょうか？
イメージしてみましょう。

あなたが土星のテーマや今までの人生で避けてきたことにあえてトライ
するとしたら、どんなことをしますか？
自由に書き出してみましょう。

それによって、人生はどのようになると思いますか？

あなたのホロスコープの土星の星座とハウスのキーワードを参照し、あなたがこれまでの人生で時間をかけて取り組んできたことに関わるものについて考えてみましょう。

それはあなたの天命や使命に関係している可能性があります。
仕事や社会活動で生かすにはどんな方法がありますか？

土星のサインとハウスから、あなたの現世的目標はどんなことだと思い
ますか？

それをするにはどんなことを頑張ったり、続けると良いでしょうか？
思いつくままに自由に書いてみましょう。

5
week

冥王星を使って
人生に
ブレイクスルーを起こす

　ホロスコープの中の冥王星は、あなた自身とあなたの人生を大きく変容させる分野です。冥王星は死と再生の星です。それは生まれ変わるような体験をもたらします。

　変容のシンボルといえば、「蝶」です。

　蝶は青虫が蛹を経て、その姿になります。

　青虫と蝶とでは、姿、形、行動範囲が、まったく異なります。

　青虫は空を飛べませんが、蝶は自由に移動できます。

　つまり、冥王星があるハウスのテーマは、あなたの人生にそれほどの変容を起こすのです。

　人は変化を怖れます。

　ホロスコープの中で冥王星がある場所は、あなたが最も変化を怖れていることであるとも言えます。

　しかし、ほとんどの場合、それは無自覚です。

　むしろ、それを望んでいると思っているかもしれません。

　ホロスコープの中の冥王星が示すのは、あなたがこの人生で強い欲望や執着、こだわりや思い込みを持つ事柄です。

　それは今回、再び地球に人生体験をしに戻ってきた理由でもあります。

　たとえば、冥王星が7ハウスにある場合、パートナーシップや結婚、特殊な人や会社と関係を持つことがテーマです。

　結婚、契約、取引によって、あなたの人生は一変するかもしれません。

　自分の人生にまさかこんなことが起きるとはという体験をしたり、今までいた世界にはいなかったような人々と関わりを持ったり、それによって、世界の見方がガラッと変わったりするかもしれません。

　それを心のどこかで感じて、人と深い絆を持つことが怖い場合もあり

ます。

　また、宿縁の相手を探し求めているかもしれません。

　冥王星は先祖やDNAにも関係します。

　冥王星のテーマはあなた自身だけではなく、家系的に受け継がれてきたものであるかもしれません。

　先祖から受け継がれてきた負のパターンを刷新したり、それを断ち切る人として、その家系を選んで転生した場合もあります。

　また、魂の強い望みを達成するために、特殊な才能や力を持つ家系に誕生することもあります。

　冥王星は潜在意識のさらに奥深い意識である超意識に関係します。

　高いレベルの直感や霊能力は超意識からやってきます。

　冥王星のテーマに取り組むということはこの超意識と繋がって行うということです。

　それは個我を超えた宇宙の意識です。

　分離されたあなたではなく、魂と繋がっている状態です。

　つまり、エゴや私利私欲ではなく、大いなるものとつながり、そのテーマに関わることをするのです。

　これは、とても難しいことです。

　なぜなら、冥王星は火星のさらにバージョンアップした星であり、強い欲望や意志に関わるからです。

　誰が何と言おうと望むものを手に入れたい。

　目的のためには手段を選ばない。

　それによって、ときに、穏やかな日常や秩序を壊すこともあります。

　「エゴ」や「私利私欲」そのものともいえます。

　この「エゴ」を手放すには、自分でコントロールするのをやめて宇宙の采配や高次の意識にゆだねることです。

冥王星は刷新や破壊の星です。だから、あなたが、いつまでも現状に
しがみつこうとしたり、宇宙からの導き（超意識）にゆだねることを抵
抗している場合、その足かせとなる信念や現状を壊すために「事件」を
起こすことがあります。

　たとえば、冥王星が10ハウスにあるとします。
　10ハウスはキャリアや社会的立場の場所ですので、ここに冥王星が
あると、特殊な地位を得たり、権威者やカリスマになったりします。そ
れによって、立場が一変し、人生全体に影響を及ぼします。
　それは、情熱的かつ徹底的に仕事やライフワークに取り組んだ先にあ
るのです。

　10ハウスに冥王星がある人が特に情熱も感じず、目的意識も持たずに、
「安定しているから」
といっただけの仕事をしている場合、ライフワークにシフトさせるため
に、急に職を失うようなことが起きたりします。
「今の仕事をしながらでもできる」
「安定した収入源を失いたくない」
人間の意識ではそう考えがちです。

　しかし、宇宙（高次意識）の意思が片手間でなく、それに全力投球さ
せたいと思ったとき、安定した仕事を失うという出来事を起こすのです。
　これだけを見たら、
「とても不幸なことが起きた」
と考えるかもしれません。
　けれども、そこには宇宙の意図や計画があるのです。そこまでの事態
が起きる前に、その人にサインは何度も来ていたはずです。
　それをコントロールしたり、避けたりしていた結果、起きたのです。

　この「コントロール」や「逃避」をやめることが宇宙にゆだねるということです。

　そして、超意識とつながった結果、人間の予想や期待を超えたレベルでの報酬を得たり、成功を手にすることができたりします。

　さらに、冥王星のテーマに関わる場所は、あなただけでなく、他の人にも恩恵があります。

　その特殊な体験や、そこから得た知見を人と共有するだけで、価値があるのです。

　冥王星は秘密の星でもあるため、冥王星に関わることは、あなたの中の秘められた部分を示します。

　それを人に見せたり、知られたくないと思うかもしれません。

　人と分かち合うなんてとんでもない。

　自分のものだけにしておきたいといった誘惑にも駆られやすいでしょう。

　でも、宇宙にゆだね、人と分かち合うほど、あなたの内なるパワーが開かれ人生にブレイクスルーが起こります。

内側に秘められた潜在的なパワーを呼び覚ます

「ホロスコープの冥王星のパワーについてはわかった」

「じゃあ、その冥王星を使うにはどうすればいいの？」

「超意識とつながって実践するって、とても抽象的でわかりにくい」

と、思われているかもしれません。

　まずは、いくつかの質問についてノートに書いてみましょう。

あなたが執着したり、こだわってきたことはありますか？
それについて書いてみましょう。

あなたが強く切望していることで、まわりの人に知られたくないことは
何ですか？

あなたの人生を大きく変えた出来事はありますか？
それはどのようなことでしょうか？
なければ、もし、人生が一変するようなことがあるとしたら、それはど
のようなことがきっかけだと思いますか？

あなたのホロスコープの冥王星の星座とハウスを確認しましょう。

冥王星は

座　　　　　　　　ハウス

　冥王星のあるハウスのテーマは、人生であなたが深い変容を体験したり、大きなパワーを秘めてはいるものの一筋縄ではいかないことに関係しています。それはあなたの宿命的なテーマでもあります。

冥王星のあるハウスのキーワードから、あなたの人生で破壊と再生、深い変容が起きた事柄、強いこだわりや切望するテーマ、宿命的で切っても切れない結びつきを感じることについて書き出してみましょう。

冥王星のあるハウスは、あなたの魂に感情的で強烈な体験が刻まれている分野です。これは現世ではなく、他の転生に関わるものもあります。そのため、そのテーマについて執着したり極端な行動をとりがちです。それについて思い当たることを書いてみましょう。

冥王星が入っているハウスについて、これまでのやり方を変えたり、思い込みや信念を手放したら、どんな変化が起こると思いますか？

　　冥王星の星座は世代の特徴をあらわすと同時に、あなたが深く変容するために克服したり、刷新する事柄を示します。

冥王星の星座のキーワードを参照しながら、あなたの人生が深く変容するには、あなたがどんなことを克服したり、思い込みや信念を刷新するのか、思いつく限り書いてみましょう。

　　　　　　　冥王星が射手座 の場合
　　海外や思想、宗教、ルール、教育などに関することへ
　　の恐れや、偏った思い込み、雑念があれば書きます。

　　＊上記は例で、すべての人に当てはまるわけではありません。

冥王星のハウスと星座について、あなたが内に秘めたパワーを発揮する
ために取り組める事はどんなことですか？

冥王星が乙女座9ハウス の場合

人から批判されたり、ジャッジされることを恐れずに、
自分の意思や哲学多くの人に伝え、啓蒙する。

＊上記は解釈例です。

冥王星の星座とハウスに関係することをあなたらしく表現するには太陽の星座とハウスを使います。冥王星と太陽の星座とハウスを組み合わせて、あなたらしく、宿命を果たす方法を考えてみましょう。

 冥王星が天秤座3ハウスで、太陽が双子座で11ハウス の場合

その1.特殊なことを学んだり、秘密や機密情報を握ったり、それについて人と話し合ったり、人に伝えたりする。

その2.人間関係やパートナーシップについて探求する。

その3.特殊な知識や情報を研究するグループに参加したり、勉強会を開いたりする。

＊上記は解釈例で、すべてのことが当てはまるわけではありません。

冥王星の星座とハウス、土星の星座とハウスは、あなたがこの人生で「しなくてはならないこと」です。この二つの星を考察して、あなたの人生で果たす宿命的な役割について考えてみましょう。

冥王星が乙女座6ハウスで、土星が牡牛座2ハウス の場合

その1.徹底的に働き、お金を稼ぐ。

その2.医療関係や研究機関などで専門的な技術を使って働き、安定的な収入を得る。

＊上記は解釈例で、すべてのことが当てはまるわけではありません。

冥王星が示すあなたの宿命と宇宙の計画はどんなことだと思いますか？

冥王星のハウスに関して、あなたがその宿命を果たすために、あなたの超意識（高次元の存在、ハイアーセルフ）はあなたに何をすることを望んでいますか？　直感にしたがって自由に書いてみましょう。

あなたの宿命を受け入れてどんな変容を起こすか決めましょう。
想像力と創造力を使って自由に書いてみましょう。

6
week

ドラゴンテイルを使って
魂が培ってきたものを
生かす

DRAGON
TAIL

DRAGON TAIL　過去世から今世まで魂が培ってきたものを知る

　ドラゴンテイルは転生を繰り返しながら魂が学び、培った経験を示します。

　あなたの魂が他の人生において、習得してきた技能や開いてきた才能、人生を通じて得た教訓、慣れ親しんだ事柄です。

　それは魂にとって、心地よく、楽にできることです。

　たとえば、過去世において、何度か歌手であった人は、子どものころから歌がうまかったり、人前で自分を表現することが得意です。

　そして、歌っているととても気持ちがいいでしょう。

　それは、魂にとってなじみのある事柄であり、何度も経験を積み、トレーニングを重ねてきたことだからです。

　これらは、生まれつきの才能や得意分野として認識され、人生の早い段階でそれを外に向けて表現するようになります。

　私たちはドラゴンテイルのスキルを使って、人生をより良いものにしたり、人や社会に貢献するために活用することができます。

　一方で、ドラゴンテイルに関する星座やハウスのことばかりに偏り過ぎたり、そこに執着していると、魂の成長を阻んでしまいます。

　ドラゴンテイルの反対にはドラゴンヘッドがあり、その両方を「ノード軸」と呼びます。

　ノード軸は「極」を示します。

　つまり、ドラゴンテイルとヘッドは「陰」と「陽」の関係です。

　宇宙の法則の一つに「陰陽の法則」があります。

　万物は陰と陽の交わりによって生まれます。

　反対に、陰か陽のどちらかに偏りすぎたときに崩壊します。

　これは、ヘッドとテイルの関係にも同じことが言えます。

　片方の極のエネルギーばかりを使っているとバランスが悪くなり、物事が滞ったり、問題が生じやすくなります。

　テイルばかりにエネルギーを注いでいると、その星座やハウスに関す

ることに問題が出たり、

「これだけではダメだ。他の道を探さなければ……」

と思うようなことが出てきます。

　そして、反対の極であるヘッドに意識を向け始めるとバランスを取り戻すことができます。

　ドラゴンヘッドは、未来を切り開くための方法であり、魂を成長させるカギとなります。

　そして、そのときに必要となるものが、ドラゴンテイルの才能やスキル、経験なのです。

　また、ドラゴンテイルは能力だけではなく、習慣や魂の思い込み、執着にも関係します。

　たとえば、過去世で結婚によって深い傷を負った魂は、パートナーシップや人と深い絆を結ぶことに怖れを持っていたり、無意識レベルで、

「人を信用してはいけない。」

「結婚は不幸の元」

という思い込みを持っていたりします。

　それがあると、恋愛や結婚生活に問題が出たり、人付き合いが苦手であったりするかもしれません。

　これは、今世で解放したい事柄となります。

　つまり、ドラゴンテイルは魂に刻まれた思い込みや、繰り返されるパターンも示すのです。

　そして、それを解放したり、それを書き換えるためのカギが、ドラゴンヘッドなのです。

　ここでは、あなたのドラゴンテイルを読み解き、あなたが転生によって培ってきた魂のリソースを確認しましょう。

今世で使える才能を見出し それをどのように活用するのか決める

あなたが子どもの頃から得意なことや、まわりから褒められたり、よく
頼まれたりするのは、どんなことですか？

あなたが落ち込んだり、自信をなくしたりしたときにすることは、どん
なことですか？

あなたにとって心が安らぐことや、それをしているだけで気分が良くな
るのは、どんなことですか？

ホロスコープの中のドラゴンテイルのサイン（星座）とハウスを確認
しましょう。

＊ドラゴンテイル（☋）はホロスコープに表示されていない場合があります。
　その場合はドラゴンヘッド（☊）の反対側にあります。

P.22　ホロスコープの読み方を参照

ドラゴンテイルは

_____ 座 _____ ハウス

ドラゴンテイルのハウスと星座のキーワードから、あなたの魂が転生で
培ってきた才能や経験はどんなことだと思いますか？
あなたの人生と照らし合わせながら、書き出してみましょう。

《ドラゴンテイルのハウスのキーワード》

....

....

....

《ドラゴンテイルの星座のキーワード》

....

....

....

その中で、あなたの人生を向上させたり、人や社会に貢献するために使っ
ているものはありますか?
もしなければ、使えそうなことやできそうなことを書いてみましょう。

これまでの人生でぶつかった悩みを書き出す

あなたの人生でこれまで何度か繰り返されている同じようなパターンで
もう手放したいことはありますか?

それはあなたのどんな思い込みや信念が関係していると思いますか?

あなたが簡単にできたり、得意ではあるけれど、そこそこはうまくいく
のに大きく発展していかない事柄はありますか？
それはどんなことでしょうか？

ドラゴンテイルのハウスと星座のキーワードを参考にそれらとの関係が
あるか考察し、気づいたことを書き出してみましょう。

あなたのドラゴンテイルのハウスと星座から、あなたの過去世を想像し
てみましょう。あなたはどこで何をしていましたか？　そのとき、どん
な体験をして、どんな教訓や学びを受け取ったかも書いてみましょう。

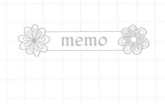

7
week

ドラゴンヘッドを使って
魂の仲間たちと
人生を切り開く

今世でこれから成し遂げるべきことを知る

　前回、取り組んだドラゴンテイルは、あなたの魂のリソース。その反対の極であるドラゴンヘッドは、魂が今回の人生で目指すべき方向性を教えてくれます。

　それは、あなたが人生をかけて取り組むべきテーマであり、魂の進化のための目的です。

　つまり、あなたの魂は人生で何をしようとしているのか？

　何を目指し、どこに向かっているのか？

　それが、ホロスコープの中で、ドラゴンヘッドの星座とハウスに示されているのです。

　ドラゴンヘッドの指し示す方向性は、未来を開くカギであり、魂が望んでいる事柄ですが、私たちの自我意識とは異なることも、しばしばあります。

　なぜなら、ドラゴンヘッドはテイルと違って、魂にとっては未知のことであったり、経験があったとしても、十分に習得したとはいえない分野だからです。

　たとえば、牡羊座にドラゴンヘッドがある場合、牡羊座のキーワードである「自主独立」や「リーダーシップを発揮すること」「道なき道を切り開くこと」が、魂の望む生き方で、ぜひともやってみたいことであるかもしれません。

　しかし、ドラゴンヘッドが牡羊座の人がそれを望んでいない場合も多々あります。他の転生で、リーダーであったり、新しいことを始めてもうまくいかなかったり、十分にそれができなかったという記憶が、魂の中にある場合です。この人生で再びそれにチャレンジするのが怖いのです。

　また、ドラゴンヘッドのある星座やハウスにまったく星がないという場合には、魂にとって未開発の分野ということになります。

　ドラゴンヘッドのテーマに関わることは、人間の意識で考えた場合、
「自分にできるだろうか？」
「どうやればいいんだろう？」
と不安を感じたり、一歩踏み出すのに勇気がいることです。
　でも、ひとたびそれを始めたら面白い、ワクワクすると情熱や喜びを強く感じます。
　そして、なぜだかわからないけど誰かが応援してくれたり個人レベルでやっていたことであったとしても、その活動が広がるようなチャンスが舞い込んできたりします。
　また、思ってもいないような未来が開けてきたりもします。
　これは、ドラゴンヘッドのテーマに取り組んだことで、あなたが成長し、進化したためです。
　さらに、ドラゴンヘッドが公衆や魂のご縁に関わるポイントだからです。

　ドラゴンヘッドは人生をかけてやっていくテーマですが、土星のような現世的な目的や成果を得るためのものではありません。
　もっと、霊的なものです。だから、高次元の存在やハイアーセルフ、魂のご縁のあるソウルメイトやソウルグループとともに、行っていくのです。
　逆に言うと、ドラゴンヘッドのテーマに取り組むと、魂のつながりのあるご縁の深い人たちが人生にあらわれやすくなり、ハート（魂）の声をキャッチしやすくなります。

　霊性を開き、魂の進化の道では、統合が不可欠です。

あなたの魂が慣れ親しんだドラゴンテイルと、未開拓の分野であるドラゴンヘッドの間を行ったり来たりすることで、あなたの魂は統合し、進化していきます。

　この世を生きる上で、肉体を保ち、生計を立てるために、多くの人が仕事をしたり、何らかの役割を引き受けます。
　魂がドラゴンヘッドのテーマに取り組みやすいように、それらは仕事に結びつきやすい傾向があり、天命や天職にも関係します。

　ホロスコープの中のドラゴンヘッドのサイン（星座）とハウスを確認しましょう。

ドラゴンヘッドは

　　　　　　　　　　　　　　座　　　　　　　　　ハウス

あなたのドラゴンヘッドのハウスと星座のキーワードから、あなたの魂は
どのような体験を通して、さらに成長したいと望んでいると思いますか？

《ドラゴンヘッドのハウスのキーワード》

《ドラゴンヘッドの星座のキーワード》

そのことを踏まえてあなたの魂の目的とはどんなことだと思いますか？

あなたは魂の目的を果たすためにどんな活動をしますか？
仕事、ライフワーク、趣味など思いつくものを具体的に書いてみましょう。

　あなたが魂の目的を果たすときに、ドラゴンテイルに示されるあなたの魂の才能やスキル、経験などを生かすとよりそれをスムーズに行うことができます。

　あなたはドラゴンテイルの才能やリソースとドラゴンヘッドの魂の方向性をどのように結びつけ、魂の目的を果たしますか？

魂の目的を果たしたあなたは、どんな世界を生き、どんな人生を送って
いるでしょうか？
あなたが望む未来や、創造したい事柄を自由に書いてみましょう。

ドラゴンヘッドの星座とハウス、木星の星座とハウスは、あなたの人生に幸運をもたらし、開運する方法でもあります。木星とドラゴンヘッドの組み合わせから、あなたがもっと幸せになる方法について考えてみましょう。

例 ドラゴンヘッドが山羊座1ハウスで、木星が水瓶座2ハウスの場合
自分のパーソナリティや体質を生かした職業につき、それをもとに独創的な方法で収入を得る。

まとめ

7週間を振り返る

～魂のブループリントを通して
宇宙の意思とつながり
運命を開花させる～

あなたの魂のブループリントはどんなものでしたか？

　あなたの魂のブループリントは、どのようなものだったでしょうか？

　魂のブループリントを知ることは、魂の視点であなたの人生を見るきっかけになるでしょう。

　魂レベルで生きるようになると、これまでの人生で経験したことについて、今までとは違った認識が生まれます。失敗や禍（わざわい）だと思っていたことが、自分をどこかに導くためであったと、気づくこともあります。

　その結果、記憶や信念の書き換えが起こり、潜在意識の中にある人生や、あなた自身に対する思い込みも変わってきます。

　また、起こる出来事についても、ただ、辛い、嫌だ、苦しい、楽しい、嬉しいだけではない、

「なぜ、これが今、自分の身に起きているのだろうか」

ということを考えるようになり、別の観点から状況を理解しようとするでしょう。

　それによって、私たちを取り巻く宇宙のリズムや法則を感じたり、人間を宇宙全体と結びつけている、霊的な存在たちに気づいたりします。

　デルフォイの神殿に刻まれた

「汝自身を知れ」

という言葉。

　人生に魔法をかけたり、奇跡を起こすには、まず、自分自身、自分の中に流れている宇宙のエネルギーを知り、それを生かすことが重要です。

　今、創造主の視点で、これまで考察した星たちから、あなたの魂の計画はどんなものであるか、自由に思い描いてみましょう。

あなたのブループリントが示す魂の計画についてどう感じましたか？
あなたはなぜ、地球にやってきたのでしょうか？（人生の目的）

魂がこの地球で創造したいものや、体験したいことは、どんなことだと
思いますか？

あなたの魂を、宇宙とつながりながら表現するには、何をすれば良いでしょうか？

あなたは何者なのでしょうか？
魂のブループリントや上記の質問から、表現されるあなたの原型や役割
を簡単な言葉で表現してみましょう。
(リーダー、教師、旅人、宇宙飛行士、養育者、アーティストなど)

これからそれぞれの星を使って
具体的にどうなりたいかを決める

　私たちは意識と波動によって、人生を創造するアクエリアス（水瓶座）の時代を生きています。

　かつてのように与えられた運命を生きる時代ではありません。
意図や意思を明確にすれば、願望が叶うことは広く知られています。

　個人的な願望がすべて叶うわけではありませんが、宇宙の意思や高い目的と結びついたとき、願いはたやすく現実化します。

　それは、宇宙や高次元のエネルギーが私たちを通って働くからです。
あなたは今、魂の視点で、あなた自身の中を流れる宇宙的なエネルギーや、宇宙の意思を知りました。

　それでは、このエネルギーを使って、どんな風に人生を創造したいですか？

　ここでは、あなたがこの地球で実現したいことを、より明確かつ具体的にし、宇宙の意思と結びつけましょう。

　私たちは、さまざまな願いを持ちます。

　崇高なものもあれば、私利私欲を満たすためのもの、怖れや不安から回避するために願うものもあります。

　それらの多くは、実は、宇宙の意思や魂の計画を反映しています。個人的なものや、私利私欲を満たすようなものであってもです。

　一方で、崇高で人や社会に貢献するような願望であっても、宇宙の意思や魂の目的と結びついていないこともあります。

　ですから、
「こんな願いを持ってはいけない」
「分不相応だ」
「非現実的で叶うわけがない」
などと、自分で願望をジャッジしないことです。

もちろん、まわりの誰かのジャッジに耳を貸す必要もありません。

　あなたやまわりが判断をくださなくても、宇宙の意思と結びついた願いは、それを実現するために必要な要素、状況、出来事、人間関係を自然に引き寄せます。

　こういうことをしたいなぁと、ふと思ったら、翌日にその誘いがきたり、そういった依頼が舞い込んだり、それに影響力を持つ人と知り合ったり、といった感じです。

　そうでないものは、ただ、いつまでも「願望」としてあり続けるだけです。

　「これは宇宙の意思と結びついているものだろうか？エゴだろうか？」と悩むより、あなたの願望を宇宙と魂に伝え、あなたのハートにしたがって行動しましょう。

　魂の計画に沿ったものは、最善の形とタイミングで花開きます。

　そうでないものは、他のあなたの願いが叶い、状況が変わっていくとともになくなっていくか、別の形で現実化することでしょう。

宇宙の意思とともに願いを叶えるワーク①

　人に邪魔されない静かな場所へ行きます。

　ハートに意識をおいて、つぎのテーマに関する「今」のあなたの願望を紙にできるだけ具体的に書き出しましょう。現状に関係なく考えつく限りで最高の願いを自由に書いてください。

・物質や経済面について

どのくらいの豊かさを求めているか、望む収入、資産、どんなことにお金を使いたいかなど。

・健康面や肉体としてのあなたを満たす事柄

健康に関すること、快楽的な事柄、人間として生きる喜びを実感するために、満たしたい願望や欲求など。

・人間関係、パートナーシップ

どういう人とどのような関係を築きたいか、あなたにとって心地よい人
との関わり方、人間関係に望む事柄など。

《パートナーとの関係》

《家族との関係》

《友人や仲間との関係》

《仕事関係の同僚や取引先との関係》

・仕事、キャリア、社会的な立場や役割

理想の働き方や肩書・キャリア、何をしてどんな業績を残したいか、どのような立場や地位を得たいかなど。

・国や民族、地球人としての願望

この国や世界・人類のためにしたい貢献、やってみたいことなど。

宇宙の意思とともに願いを叶えるワーク②

①で作った願望リストを一つ一つイメージしましょう。
そのイメージを下の箱に描いてみてください。

絵で描くのが難しい場合は、それを象徴する言葉やシンボルを使ったり、雑誌の切り抜きなどを貼ってもかまいません。

目を閉じて、深呼吸しながら、骨盤のあたりに意識をおいて、描いたイメージを連続して思い浮かべます。

紙芝居のように、次々とそのシーンを思い描いていきます。

それが実現したときの感情を味わいながら、「これはもうそうなっている」と心の声で宣言します。

イメージを切り替える速度を徐々に上げていきます。

このときは思考や心の声は止めて、イメージに集中します。

このワークは一度だけではなく、毎晩、寝る前や電車の中や空いた時間にやってみましょう。

これによって、あなたの想いが宇宙に届きやすくなり、必要なものを引き寄せ、現実化が加速します。

さ い ご に

— Message from l'Archeul —

　あなたの星を読み解きながら、ノートをつけてみて、いかがでしたか？

　本書では、ホロスコープの中のすべての星をひもとくのではなく、あなたの魂の目的に、特に関わる天体や感受点を扱っています。それによって、よりハッキリとあなたの魂が、この人生で望んでいることが浮き彫りになるからです。

　天体は意識です。その意識は、さまざまな方向にアンテナを伸ばし、情報を拾い集めます。意識の中には無意識や超意識も含まれますから、私たちが、「知りたい」「気になる」という認識がないまま、キャッチしているものもたくさんあります。

　現代は情報化社会で、その情報の渦の中で、おぼれてしまい、結局何がしたくて、何を知りたくて、何をすればいいんだろう？と、わからなくなることもしばしばです。そういうときに、ホロスコープの中の、魂に関わる天体たちを読むことで、自ずと方向性が見えてきます。

　とはいえ、天体や星座、ハウスにはさまざまな意味がありますから、その中で何にフォーカスするか迷う場合もあるでしょう。それを、より明確にするために、本書では質問を設定しました。この質問に対する答えと、星の指し示す事柄をすり合わせると、

あなたの魂がこの人生で何をしたいか、どこに向かっているのか きっと見えてくるはずです。

　私も本書の質問に答えながら、改めて、魂の意図を確認しました。そうすると、人間の私の意識だと、積極的にやりたいと思わないことを、私の魂はしたい（させたい）のだということが、よくわかりました。つまり、エゴの自分と魂の計画は異なるということです。

　人生は他の誰でもない、自分のものです。だから、魂の目的がどうであれ、したいことをすればいいし、好きなように生きればいいのです。

　しかし、今までの人生を振り返ると、結局はこの魂の意図や計画に関わることを、ずっとしてきたなとも思うのです。それは、自分がしたいことだけをしていたよりも、はるかにファンタスティックな体験をもたらしたように思います。

　ホロスコープに示された魂の目的を生きるということは、宇宙とつながって生きることであり、それは、自分の中の深い部分とつながりながら、それを外に向けて表現することです。

　水瓶座時代に移行し、自分の個性を発揮しながら、人や社会とつながることは、この時代を生きる上での重要なカギです。

　ぜひ、あなた自身、あなたの魂の計画を知り、あなたのハートの声を聞きながら、大きな視点で人生を描き、クリエイトしてみてください。

　きっと素晴らしい体験が待っているはずです。

　最後になりましたが、本書の出版にあたり、編集を担当してくださった高橋さやか様、イメージ以上のすばらしいカバーデザインに仕上げてくださった鈴木成一デザイン室様、表紙を含むすべてのイラストと本文のデザインを担当してくださった設樂みな子様、およびにスタッフの皆様に心より御礼申し上げます。

　また、本書を手に取ってくださったすべての皆様に深い感謝を捧げます。

エルアシュール

エルアシュール

アストロチャネラー　神秘学研究家
日本占星学会主任講師
ACC認定エンジェリックチャネラー®
エネルギーワーカー

幼いころからエネルギーに敏感で目に見えない世界に関心を抱く。
伝記が好きで、人生に影響を与える目に見えない何か、周期的なサイクル、シンクロニシティ（共時性）を探求するため、主要な運命学やスピリチュアルなメソッドを片っ端から検証。
その中で、人生を生きるうえで役立つツールとして、主に意識の使い方、チャクラ、宇宙の法則、神秘学、スピリチュアル占星術、古代宇宙論、神話、神託、易などを研究。
人生のテーマとミッションは、人が本当の自分（魂の本質）を発揮し、最高の人生を創造するための情報や叡智、＜覚醒のメッセージ＞を宇宙とつながって届けること。
惑星のエネルギーとつながりアクティベーションするワークショップや占星術講座、ハイアーセルフとつながる講座、オラクルカードリーディングセミナーなどを開催、予約は即満席となる人気ぶり。

月間300万PVの公式サイト「Angelic Guidance～天使の導き～」を運営。
著書に『魂のブループリント』（ヒカルランド）、『人生が変わる「見えない存在」とつながる本』（かんき出版）、『星で見つけるあなたの豊かさの引き寄せかた』（ヒカルランド）などがある。

7週間で自分本来のパワーを目覚めさせる

魂のブループリントノート

第一刷　2021年1月31日

著　者　エルアシュール

発行人　石井健資
発行所　株式会社ヒカルランド
　　　　〒162-0821 東京都新宿区津久戸町 3 − 11 TH1 ビル 6 F
　　　　電話：03-6265-0852　FAX：03-6265-0853
　　　　https://www.hikaruland.co.jp　info@hikaruland.co.jp

振替　　00180-8-496587
製本　　中央精版印刷株式会社
DTP　　設樂みな子（したらぼ）
編集担当　高橋さやか

Online Zoom Seminar

2021.3.20 SATURDAY 13:00-15:00 12,000 yen

「魂のブループリントノート」発売記念
オンライン ZOOM セミナー開催決定!!

 POINT1 2021年の春分図を見て宇宙から注がれるエネルギーを
リーディングし、どんなことに意識を向けるといいか？

 POINT2 風の時代に魂のブループリントを生かして人生をクリエイトする方法

 POINT3 複数の天体から、あなたの使命や天命を読み解く方法

 POINT4 出生のホロスコープ以外のホロスコープを使ったノートの使い方

 POINT5 宇宙元旦に行う惑星アクティベーション＆
魂の本質を開くことを阻むブロック解放ワークなど、内容盛り沢山！

 **エルアシュール先生からのMESSAGE** 春分に注がれる宇宙からのパワーを受け取りながら、
あなたの魂の資質を開花させましょう

「魂のブループリントノート」 オンライン ZOOM セミナー詳細

日程：2021年3月20日（土・祝）　時間：13:00〜15:00 (2h)
参加方法：ZOOM　出版記念特別価格：12,000円
お申込みは「ヒカルランドパーク」☎ 03-5225-2671（平日 10:00〜17:00）
✉ info@hikarulandpark.jp　URL：http://hikarulandpark.jp/

魂のブループリント

魂に刻まれた《本当の自分》
を知れば人生はずっと楽になる

重版7刷突破！
記録更新中!!

著者：エルアシュール
四六ソフト
本体：1,815円＋税

私たちがこの地球に生まれる前、
宇宙で自ら描いてきた
《魂のプラン》
それが「魂のブループリント」です。

あなたがいま、
人生に苦しみを抱えているとしたら、
それは自ら決めてきた
ブループリントを
生きていないから。
魂に刻まれたプランを
ホロスコープで解読し、
宇宙全体の秩序を司る神意識
《ソーラーロゴス》のエネルギーを
取り込むことで、
誰でも《本当の自分》を
発動させることができるのです。

本書はそんな
「魂のブループリント」解説の
決定版。
魂のプランの
《解読・解放・活用》方法の
すべてを網羅してお届けします。

voicy

声のオウンドメディア **voicy**(ボイシー)にて
ヒカルランドの『イッテルラジオ』毎朝8:00〜絶賛放送中!
パソコンや専用アプリから無料でご視聴いただけます♪

パソコンを使う

インターネットでラジオを聴く方法 💻

① 下記の URL、もしくは、こちらの QR コード
から Voicy の『イッテルラジオ』にアクセス
します。

https://voicy.jp/channel/1184/

② パソコン版 Voicy の
『イッテルラジオ』に
つながります。オレン
ジの再生ボタンをク
リックすると、本日の
放送をご視聴いただけ
ます。

携帯アプリを使う

携帯電話のアプリでラジオを聴く方法 📱

① iOS(iPhoneなど)は左のQRコード、
アンドロイド携帯は右のQRコードか
ら Voicy 専用アプリにアクセスして、
「Voicy」アプリをインストールします。

検索バーで
『イッテルラジオ』
を探してみてね

フォローしてくれると
石井社長が
泣いてよろこぶよ

② 「イッテルラジオ」で検
索すると番組が出てき
ますので、ぜひフォ
ローしてご視聴くださ
いませ。

多彩なレギュラーパーソナリティーをお迎えして
笑いあり、学びあり、不思議あり、癒しありの
楽しいトークを毎朝10分間、お届けしています！！！

Sometimes

ヒカルランド代表取乱役
石井健資 社長

Wednesday

スピリチュアルヒーラー
シリウス慶氣 さん

Thursday

ソウル サウンド ライアー 奏者
秋吉まり子 さん

Friday

神社インフルエンサー
八木勇生 さん

Saturday

美しき「あわのうた」の伝道師
SUMIKO! さん

Sunday

八ヶ岳 えほん村館長
majo さん

みんなぜひ
聴いてみてね♪

Sometimes

ヒカルランドみらくるに住む不思議な妖精
みらくる ちゃん

リスナーさんからのコメントや質問も大歓迎！ 毎朝8:00に『イッテルラジオ』でお会いしましょう♪

神楽坂ヒカルランド みらくる Shopping & Healing

大好評営業中!!

東西線神楽坂駅から徒歩2分。音響免疫チェアを始め、AWG、メタトロン、ブルーライト、ブレインパワートレーナーなどの波動機器をご用意しております。日常の疲れから解放し、不調から回復へと導く波動健康機器を体感、暗視野顕微鏡で普段は見られないソマチッドも観察できます。

セラピーをご希望の方は、お電話、または info@hikarulandmarket.com まで、ご希望の施術名、ご連絡先とご希望の日時を明記の上、ご連絡ください。調整の上、折り返しご連絡致します。

詳細は神楽坂ヒカルランドみらくるのホームページ、ブログ、SNS でご案内します。皆さまのお越しをスタッフ一同お待ちしております。

神楽坂ヒカルランド　みらくる　Shopping & Healing
〒162-0805　東京都新宿区矢来町111番地
地下鉄東西線神楽坂駅2番出口より徒歩2分
TEL：03-5579-8948　メール：info@hikarulandmarket.com
営業時間11：00〜18：00（1時間の施術は最終受付17：00、2時間の施術は最終受付16：00。イベント開催時など、営業時間が変更になる場合があります。）
※ Healing メニューは予約制。事前のお申込みが必要となります。
ホームページ：http://kagurazakamiracle.com/

みらくる出帆社 ヒカルランドの

イッテル本屋

高次元営業中！

あの本、この本、ここに来れば、全部ある

ワクワク・ドキドキ・ハラハラが無限大∞の8コーナー

ITTERU 本屋
〒162-0805　東京都新宿区矢来町111番地　サンドール神楽坂ビル3F
1F／2F　神楽坂ヒカルランドみらくる　　TEL: 03-5579-8948

みらくる出帆社 ヒカルランドが
心を込めて贈るコーヒーのお店

予約制

イッテル珈琲

絶賛焙煎中！

コーヒーウェーブの究極の GOAL
神楽坂とっておきのイベントコーヒーのお店
世界最高峰の優良生豆が勢ぞろい
今あなたが、この場で豆を選び、
自分で焙煎（ばいせん）して、自分で挽（ひ）いて、自分で淹（い）れる
もうこれ以上はない、最高の旨さと楽しさ！
あなたは今ここから、最高の珈琲 ENJOY マイスターになります！

ITTERU 珈琲
〒162-0825　東京都新宿区神楽坂 3-6-22　THE ROOM 4F
予約　http://www.itterucoffee.com／（予約フォームへのリンクあり）
または 03-5225-2671まで

不思議・健康・スピリチュアルファン必読！
ヒカルランドパークメールマガジン会員（無料）とは??

ヒカルランドパークでは無料のメールマガジンで皆さまにワクワク☆
ドキドキの最新情報をお伝えしております！　キャンセル待ち必須の
大人気セミナーの先行告知／メルマガ会員だけの無料セミナーのご案
内／ここだけの書籍・グッズの裏話トークなど、お得な内容たっぷり。
下記のページから簡単にご登録できますので、ぜひご利用ください！

◀ヒカルランドパークメールマガジンの
　登録はこちらから

ヒカルランドの Goods & Life ニュースレター「ハピハピ」
ご購読者さま募集中！

ヒカルランドパークが自信をもってオススメす
る摩訶不思議☆超お役立ちな Happy グッズ情
報が満載のオリジナルグッズカタログ『ハピ
ハピ』。どこにもない最新のスピリチュアル＆
健康情報が得られると大人気です。ヒカルラン
ドの個性的なスタッフたちによるコラムなども
充実。2～3カ月に1冊のペースで刊行中です。
ご希望の方は無料でお届けしますので、ヒカル
ランドパークまでお申し込みください！

最新号 vol.22 は 2020年
11月刊行！

ヒカルランドパーク
メールマガジン＆ハピハピお問い合わせ先
● お電話：03 - 6265 - 0852
● FAX：03 - 6265 - 0853
● e-mail：info@hikarulandpark.jp
・メルマガご希望の方：お名前・メールアドレスをお知らせください。
・ハピハピご希望の方：お名前・ご住所・お電話番号をお知らせください。

HIKARULAND RECOMMEND

 ## BOOKS

自分を愛せばすべてがかなう

著者：あべけいこ
四六ソフト
本体：1,815円+税

2000人以上を開運に導いたスピリチュアルメンターあべけいこが高
次存在から受け取る魂の本質とつながり、最高最善の生き方を実現
するための愛と光のチャネリングメッセージ。

奇跡のエンジェルコンタクト

著者：ローナ・バーン　訳者：愛知ソニア
四六ソフト
本体：2,500円+税

ヨーロッパで100万人が大絶賛！ すべての人に、生まれてから天国
に旅立つまで一対一でずっと見守ってくれる「天使」がいる。奇跡
の女性・ローナによる《光の存在たち》から導きを得るためのベス
トガイダンス。

♠ CARDS

ホツマあわのうた
カード96プレミアム

作者：SUMIKO!
本体：6,389円+税

ヲシテ文字の使い手にあなたもなれる！
唱えるだけで幸せへ導く太古の言霊

自分の名前や気になるキーワードをカードか
ら読み解くと、なぜだか不思議と必要なこと
がみえてくる。「あわのうた」を理解して唱え
ることで幸せへの扉が開かれる古代のメッセ
ージが詰まったカード。

森のタロットセット

作者：majo
価格：4,620円（税込）

森が教えてくれる、本来の自分の在り方

森の扉を開きましょう。森の中で原子の息吹
を感じてください。森にはたくさんの妖精が、
それぞれ生命を燃やしています。大きな木、生
まれたての木、樹木たちの話をきいてみたい
と思いませんか？ 本当の自分と会話するた
めに、カードを一枚、ひいてみて。答えは……
ねっ！ **お問い合わせ：ヒカルランドパーク**

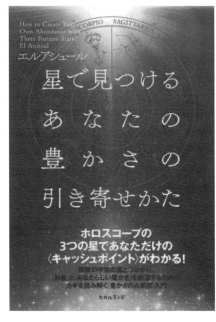

星で見つける
あなたの豊かさの
引き寄せかた

大好評発売中！

著者：エルアシュール
四六ソフト
本体：2,000円＋税

愛、喜び、豊かさ、収入、
価値創造、幸運、財運、金脈、
秘められたパワー…

波動と共同創造の
〈水瓶座時代〉
に入ったいま、
これまで以上に
自由に豊かさを
引き寄せることが
可能になっています。

さあ、
自分を知り、
富の法則を知り、
あなたの魂とつながり、
あなたというエネルギーを
フル活用し、
宇宙の無限の豊かさを
あなたのもとに降ろす
旅に出かけましょう。